CEIBS | 中欧经管图书

# 未来董事会

## 企业的改变，从董事会开始

[西] 佩德罗·雷诺（Pedro Nueno）/著
李　琦/译

中国财富出版社

**图书在版编目（CIP）数据**
未来董事会／（西）佩德罗·雷诺（Pedro Nueno）著；李琦译著．
—北京：中国财富出版社，2017.5
（中欧经管图书）
书名原文：The 2020 Board
ISBN 978－7－5047－6486－7

Ⅰ.①未…　Ⅱ.①佩…　②李…　Ⅲ.①董事会—研究　Ⅳ.①F271.5

中国版本图书馆CIP数据核字（2017）第118583号

The 2020 Board
ISBN：978－1－910649－70－1

著作权合同登记号　图字：01－2017－3279

**策划编辑**　谢晓绚　　**责任编辑**　谢晓绚
**责任印制**　何崇杭　石　雷　**责任校对**　孙会香　张营营　**责任发行**　董　倩

---

**出版发行**　中国财富出版社
**社　　址**　北京市丰台区南四环西路188号5区20楼　　**邮政编码**　100070
**电　　话**　010－52227588转2048/2028（发行部）　010－52227588转307（总编室）
010－68589540（读者服务部）　010－52227588转305（质检部）
**网　　址**　http://www.cfpress.com.cn
**经　　销**　新华书店
**印　　刷**　北京京都六环印刷厂
**书　　号**　ISBN 978－7－5047－6486－7/F·2761
**开　　本**　710mm×1000mm　1/16　　**版　　次**　2017年7月第1版
**印　　张**　8　　**印　　次**　2017年7月第1次印刷
**字　　数**　97千字　　**定　　价**　45.00元

---

# 前　言

在我的职业生涯中，我有幸成为众多公司董事会的一员。作为一名工商管理学的教授，我一直对多样性充满兴趣。想到我可以贡献一些价值，我便接受了各行各业、不同规模的公司的董事之职，其中包括美国、欧洲、拉丁美洲和亚洲的上市公司以及家族企业。

这些年来，我还专门就“公司董事会”这一主题进行了一些讲演和授课。在与许多公司的互动中，我都收获颇丰，以至于我觉得比起他们支付给我报酬来说，应该由我支付给他们更为公平合理。同时，对于我教授的许多课程，我也有同样的感觉：我所学到的至少同我传授的一样多。这使我对我的学生和其他来自世界一流商学院的教授们心存感激。

这些经历促使我撰写这本书，希望能将自己学到的最好的理念清晰地整理出来。本书的着眼点在于企业在2010—2020年这十年里面临的各种变化：如技术更新、数字化、世界经济全球化，以及面向每个人开放的巨大的市场化。这些变化正迫使公司快速作出深远变革。

董事们能够，也应该成为一个企业关键的领导力：鼓励制定强大的企业战略；实现最佳的价值创造；平等地尊重每一位员工；培育企业自身的文化——它的价值，它的企业员工意识。总之，确保公司在涉足的所有领域所做的一切都符合道德和法律的要求。这些都将是我在这本书中提到的主题。

作为美国哈佛商学院的毕业生和巴塞罗那 IESE 商学院的教授，案例研究法已成为我惯常的思维方式之一。在我早期的书中，我试图构建与我的一些经历类似的情境，当然我稍微做了些调整，来辅助说明一些董事的行为，以及公司董事会如何处理某些问题。

最后，作为一名《纽约客》（*The New Yorker*）（该杂志常年以来专注于讨论公司董事会的理论和实践）的长期读者，我非常喜欢他们在董事会这一主题上创作的可爱的卡通形象。出版社的编辑慷慨地允许我在这本书中使用他们的卡通形象。

# 目　录

# 引 言

# 引　言

自 2008 年开始的经济下滑，信息社会的飞速发展，商业领域及大环境中（特别是政治领域）中道德问题的日益凸显，日益突出的全球化，技术革新，特别是数字化的趋势等，种种现象都引发了全球范围内关于公司董事会作用的讨论。在很多情况下，董事会缺乏相关的业务信息或者被公司高级经理们误导，这是显而易见的。“治理”这一概念意味着制定规则、采用规则，付诸实施和确保执行。

公司业务涉及多个模型的使用。有些是高度结构化的，比如资产负债表、损益表和现金流量表。其他的定量分析较少，因此结构也无须很严谨：

- 战略
- 组织方案和人员管理（级别、职责范围、评估和薪酬政

策、内部的职业发展轨迹、培训）

- 运营管理（技术、流程、设备、场地、物流、采购）
- 商业管理（市场营销、广告宣传、销售）
- 财务以及同资本市场、银行、投资银行、潜在投资者的利益相关者的关系（风险资本、私募股权、天使投资人，证券交易所）
- 创新以及与此相关的研究与开发、整体管控及时准确地收集相关信息，并依此整理成报告，允许管理人员进行密切监督，同时利用内部审计功能确保报告真实，并且符合规定（法律、行业标准、现有的专利、对第三方的承诺）。

这就要求董事会来确保这些流程正确、有效地进行。从某种意义上说，董事会就像一个中介机构：公司高管向董事会汇报，同时董事会向股东负责。但是，它是独立运作的。

管理学方面的经典著作之一是艾尔弗雷德·斯隆（Alfred P. Sloan Jr）的《我在通用汽车的岁月》（1963 年）。[1]在 20 世纪，通用汽车长期以来一直被认为是世界上最好的公司：它在汽车行业的创新能力、快速增长、国际影响力、品牌管理等方面均表现出色。艾尔弗雷德·斯隆从 1918 年至 1941 年担任通用汽车的首席执行官，并从 1918 年至 1963 年担任公司董事长达 45 年。这一时期经历了几次经济衰退、第二次世界大战、经济的强劲增长、国内和国际市场的激烈竞争，以及重要的技术进步。

然而，公司的成功很大程度上得力于艾尔弗雷德·斯隆有效的管理方式，这在他的书中有所描述。公司生命周期中的关键性决策，从外国投资到处理棘手的罢工，都是由一个类似于有着治理主体特征的内部机构来决定和处理的。这个机构在现如今可以归类为介于“执行委员会”和“股东会议”之间的一种机构。

我们转向同一时期的零售行业。拉菲·豪威尔（Ralph M. Hower）[2]，哈佛商学院一位重要的教授，在他的著作《纽约梅西的历史》中指出，重大决策和监管职能都是由豪威尔口中的“运营董事会”和“咨询委员会”来执行的。在20世纪的进程中，公司的董事会机构确实取得了一些进步，但这种进步或许比上面提到的其他管理机构要少。

然而，自21世纪开始，公司董事会和公司治理成为了讨论的主要问题。商业界已经澄清了公司治理能够而且必须刺激价值创造，使公司变得更强大并对社会有所贡献。这需要关注方方面面：触发变革，创建相关的知识同时建立新的制度和标准。商业领军人物杰伊·洛希（Jay W. Lorsch）教授现就职于哈佛商学院，他详尽地研究了公司董事会。他最近出版的一本著作讨论了董事会在未来可能是什么样的[3]。我曾和他在关于董事会成员的诸多项目上一起共事。看起来，这本书中提到的一些想法很可能是那个时候一起合作的结果。

**铁路基础供应商（Rail Basic Provider，RBP）**

有一位熟人找到了帕特里克·柯林斯（Patrick Collins），这位熟人是铁路基础供应商（RBP）的董事会主席。RBP是一家专业提供铁路建筑材料，主要是铁轨和枕木的欧洲公司。帕特里克

**“我也讨厌成为一个贪婪的混蛋，但我们必须对我们的股东负责。”**

被邀请担任公司董事之职。RBP 有着 50 多年的历史，目前是一家主要基础建设集团的子公司。这家基础建设集团一直以来都是国有控股公司，直到 20 世纪 70 年代才转为私有制。

帕特里克发现 RBP 有着稳健的资产状况，可接受的业绩表现，稳定的增长，且行事低调。他试着对这个行业做了一些调查研究，却发现并没有太多相关的信息。他惊奇地发现推荐阅读的参考文献之一是一本 1874 年出版的查尔斯·柯顿（Charles P. Cotton）所著的《铁路工程手册》[4]。这是一套关于建造、管控和如何在英国和爱尔兰获得政府批准进行铁路项目建设的详细说明。读完这本著作，他认识到铁路行业正在经历的大规模的创新和变革同铁轨本身没有什么关系。RBP 的盈利很大程度上依赖于大量铁路线的维修。

作为一名工程师，帕特里克曾经在一家基础设施建设公司就职。这家公司主要从事高速公路、港口、隧道和机场的建设，偶而涉及铁路。他对这份工作的技术方面非常有信心，他已经是多家企业的董事会成员，同时接受这份新的职位看上去也是一件明智的事：一年只有 6 次董事会会议，每次只需要花两小时飞往另一个城市，而且时间方面的可选择性也很多。

在他参加的第二次董事会会议上，帕特里克大吃一惊。董事会需要的支持性信息是在会议当场才提供的，而且无论怎么看，都非常少。董事会主席同时也是 RBP 的首席执行官。其他董事会成员包括两位 RBP 的高管、执行总裁，两位董事来自 RBP 的母公司，还有一位是 RBP 的前任首席执行官，现在已经退休了同帕特里克一样，他被定义为“独立董事”。所以一共有八位董事。

奇怪的是，在董事会会议上几乎很少谈论 RBP 公司本身。会议一开始通常是对好几个月前数据的回顾，然后提出几个热点，但几乎都是关于母公司的，只偶尔涉及 RBP。会议讨论慢慢从业务本身转向了更广泛的经济方面，再从经济到政治，变成了一个自由聊天的节目。会议一般从中午 12 点开始，下午 1：30 休会进行午餐。但董事们经常迟到，因此董事会几乎变成了一场午餐会。

作为董事，帕特里克得到了很好的报酬，他不知道接下来该怎么办。如果他告诉他们这不是真正意义上的董事会，而只是一次闲谈，董事们可能会觉得被冒犯了。对他来说，很明显，这种董事会根本没有意义，而且出于专业角度的考虑，他也不应该参加那样的会议。在之后的一次会议上，帕特里克找了一个借口，他声称大量工作使他超负荷工作，而辞去了董事一职。他感谢其他董事们给他的任命，并表示愿意在将来他们需要的时候提供帮助。

不幸的是，帕特里克·柯林斯的经历并非一个特例。相当多的公司董事会就是像 RBP 公司那样运作的。帕特里克的故事围绕着一个董事会应该做而没有做的事情展开。一些董事会成员认为董事一职是对他们作为公司前任高管为公司提供服务的一种奖励。其他人则将董事一职看成是他们目前公司管理职责的一部分。而一些独立董事则认为董事一职是其根据他的良好从业记录为公司带来威望而获得相应报酬的一种形式，或因担任公职而获得承认。

这种态度可能在政府管控的企业或类似企业实体中更为普遍。这些企业的技术、财务、销售风险都比较低，就像我们先前看到的 RBP 的案例。然而，这个舒适的位置其实也可以作为公司控制风险，从而以一种有意义的方式扩大业务的跳板，特别是当涉及业务多元化的时候。公司董事会应当激励这种想法而不是整天处理一些烦琐的日常工作。而且，这种像聊天一样没有任何启发性的会议只会导致人才的流失。在 2015 年，有一点是明确的，那就是董事会上发生的任何事情，都会在整个公司内传播开来。

有些时候，董事们会将董事会的任命看作是一种变相的报酬。它可以被用作退休后，或职业生涯结束时的一种奖励，感谢他们长期以来的服务，或所作出的特殊贡献。又或者是当公司的高管薪酬低于市场值时的一种弥补。有时，这部分报酬仅仅只是出任董事一职所带来的声誉而已。虽然这样的董事会仍然会继续存在，但是从公司治理的角度看，要求董事会提升价值的趋势越来越明显。

在后面的几个章节里，我将从不同的角度，讨论公司在哪些方面能够变得更为专业以紧跟当今时代。我们将讨论在这一领域的一些久经考验的知识，进而通过真实情境的案例分析强调其“真实性”，我会采用匿名的方式提出一些关键内容。

# 1

# 董事会的组织结构

董事会角色很难用一句简洁的话来描述。然而，我们可以说董事会的目的是将公司作为一个整体来进行监督，引导公司长期、可持续地创造价值。对董事会成员来说很重要的一点是对公司的业务要有一个全面的认识，但是对每一个方面都有深入了解也是不现实的。因此，第一个关键性的挑战是为董事会提供正确无误、简明扼要的信息。同时，对董事会来说非常困难的还有，对公司所处的行业有一个全面的把握，或者是彻底了解公司目前或潜在的竞争对手以及它们的优势和劣势。尽管如此，董事会应找准企业在行业内的位置，并进行成果评估。

转向公司内部，董事会想要对可能影响公司业务的所有技术和创新问题、对公司生产的商品或提供的服务中的有关流程或者关键技术的潜在发展都有一个很详细的认识也是不可能的。这些都取决于董事会对公司高管层和关键人员，或者目前为止组织的各个业务单元的独立的管理层、销售、技术、运营、人力资源和财务人员的了解程度，或者是对国际化公司在很多不同的区域的业务是否有所认识。

即使如此，董事会还是需要对公司相关的重要方面做出明智的决定，同时正确地评估公司在每个领域目前所处的位置：令人满意、需要改进的，或者存在明显不足。

为了履行职责并能够实现上述目的，董事会必须具备必要的能力，并掌握正确的信息。

## 董事会的构成

董事的类型有许多种。有些是代表股东加入董事会，有些是为董事会带去特殊的技能和能力（虽然这方面可以通过其他渠道进行补充）。有些董事代表了公司的所有权人或者本身就是所有权人。这在家族企业中特别常见。有些董事会成员持有公司一定比例的股份。但是也有很多上市公司——大股东是一家银行，一个投资基金公司，或者是一个强大的个人投资者——他们希望董事会中包括一个或多个能代表他们的利益的成员。

同样，公司的高级管理人员，特别是主席、首席执行官、副主席和其他高级执行官被任命为董事会成员也很常见。高级管理人员也可能是公司的所有权人或者至少持有公司可观的股票份额。偶尔，如果公司的高级经理们的部分薪酬以股票形式代替的话，他们可能会要求一个足够强的所有者权益，即在董事会中有一席之地。

另一种重要类型的董事是“独立董事”，即那些有着良好的过往从业记录，并且同公司所有权人或高管没有直接联系的专业人士。这些独立董事在过去的管理经历中并没有同这家公司有所关联（他们无须背负友情的包袱，也无须考虑公司的日常制度，或其他与同行、政府机构或社区相联系的企业文化）。

对于一个独立董事而言，通常在贡献、报酬或声望方面的要求并不太多。很典型的是，一个独立董事往往已经很舒适地退休，出售了自己的公司，或者一个有信誉的、之前某个领域的专业人士（律师、咨询顾问、高管、学者等）。他们目前的职业包括作为董事会成员，为公司提供专业意见。

无论他属于哪一类，一位称职的董事应该按照他被任命的理由，来行使公司治理方面的独特职能。或者是代表所有权人的利益，或者是参与公司管理，或者是提供专业建议等。对所有权人董事来说，很难同意可能有损于他们持有或代表的利益的决定（比如，加入某个基金、银行的再融资，或者一位有助于关键市场的开发，技术的创新或者是拓展全球化业务方面的董事入会）。

同样，对一位执行董事来说，要同意一个会阻挠他/她正在推动的计划的董事会决议也是非常艰难的。

最后，独立董事也不愿支持一个会导致其离开董事会的决定，比如公司的出售。所有权人董事和执行董事过分依附于公司业务的情况并不少见。从长远来看，他们倾向于抵制将无法实现公司所需的国际扩张的看法，因为它已经远远落后于行业中的其他公司，因此，从提取价值的角度来看，最好的举措是出售公司。在这种情况下，独立董事就起着决定性的作用，尽管企业出售后，他们可能会被逐出董事会。

## 专业委员会

为了保证董事会的正常运作，通常的做法是设立不同的董事会专业委员会，由小团体的董事组成，更深入地解决具体问题。对于其余的董事而言，这能够保证关键问题得到正确处理。最常见的董事会专业委员会是：审计委员会、提名与薪酬委员会。

### 审计委员会

很多公司都会雇用内部审计员，对公司财务和业务方面的相关报告进行一个持续和详细的验证。审计委员会确保了公司内部审计的功能，同时审查提供给董事会的信息是否正确反映了公司的财务状况和公司业绩。如果公司没有内部审计部门，那么审计委员会则需要同公司的法定审计师一起合作，按照委员会的标准更新和提供需要的报告。

审计委员会通常由一名有经验的独立董事主持。他对公司有全面的了解，同时精通财务专业知识。如果公司有内部审计师，那么最好能够让他也成为审计委员会的一员。

审计委员会的会议议程通常与董事会的会议议程紧密联系，一般会安排在董事会召开之前不久或紧跟着董事会会议之后，这样就能够合理安排董事们的时间并使整个流程更合理有效。总之，审计委员会一般一年召开 3 ~ 5 次。它的会议议程包括为法定审计工作作准备，同审计师进行相关的讨论并向整个董事会汇报结果。在一年中，委员会会着重讨论那些对公司财务报表可能产生影响的事实和事件，并据此要求公司管理层和董事会做出决策。比如：企业业务所在国家的货币贬值，或者是一个关键客户经理的不道德的行为。

### 提名与薪酬委员会

提名与薪酬委员会监督组织的变化，特别是那些会影响公司高级管理职位和薪酬的水平以及方案。对于第二层级或第三层级的管理团队，委员会一般会审议总体方案（比如薪资调整，绩效工资和奖金)。对于公司最高管理层，委员会采取的是逐一讨论的方式。人力资源部门的负责人会提供关键的帮助，在很多情况下，首席执行官也会参与其中。

目前的趋势是将这一委员会拆分为两个，即提名委员会和薪酬委员会。这样做可以避免之前我们提到的问题：提名被看做是薪酬的一种形式，从而引发公司的挫败感。

**“作为董事会成员，我们需要统一意见。我提议唐老鸭（Donald Duck）作为代表。”**

## 其他委员会

有些董事会会设立其他委员会，是临时的，或是永久的，以帮助处理那些对公司而言特别重要的事宜。其中最常见的是战略委员会，它通常会持续、密切地关注公司现行方案的执行情况和重塑战略。如果公司在很大程度上是依靠技术的，那么战略委员会会特别专注于技术，有时甚至会被叫作“技术委员会”。

克莱顿·克里斯坦森（Clayton M. Christensen）是哈佛商学院教授和创新领域的顶级学者。他强调说，一些大型公司在这一领域正面临特殊的挑战，这是在公司的最高层面激发创新的最佳时机。[5]其他公司会设立一个机构，称之为“破坏性委员会”，成员包括公司外部的人员。破坏性委员会的目的是鼓励讨论那些对经济、社会或者公司所处的行业有至关重要影响的事宜。辩论是开放式的，而且只是在最终阶段进行，注意力会特别转向那些不断变化的环境问题对公司的潜在影响。

# 2

# 董事会需要的信息

董事们需要在董事会召开会议之前的大约一周前收到会议的相关资料。其中最基本的信息就是公司最新的财务数据：资产负债表、损益表、现金流量表和销售情况。这些数据都需要与预算的数据进行比较，然后再呈现给董事会。如果公司由不同的业务单元组成，那么这些数据也应当按业务单元做相应区分。这些数据很有可能同最终的实际情况有细微差别，因为最终的实际数据只有在财年结束并通过审计之后才有效。但是董事会要实现有效的运作，必须收到并依赖能够密切反映公司现状的数据，因此这些数据的及时性和完整性是至关重要的。

如果财务报表上的变化会对公司产生特别的影响，比如，债务重组、大型投资、组织中占很大比例的业务对应的货币贬值，董事会都需要收到涉及这些特殊影响的财务信息。

董事会也可能需要了解公司运营中出现的其他问题。比如，一个重要的高管的离职，一场劳动纠纷或法律争议，由于工资谈判失败导致的一场迫在眉睫的罢工，一轮裁员，一个专利诉讼的威胁，一个关键商品的价格大幅上涨，等等。

有些公司外部问题对组织来说也同样重要。比如，两个竞争对手的合并（进而能对市场施加更大的压力并在生产、市场营销和宣传推广中形成规模经济）。一个竞争对手引领的重大技术创新可能会改变整个行业，并对公司带来实质的影响。董事会需要对潜在的影响进行及时讨论，并决定该如何应对。

对董事会来说，尤其重要的是对公司管理团队需要相当熟悉，特别是最高管理层——那些公司各个职能领域和业务单元的领导。了解这些关键人员的最好的方式之一是，当影响到他们职能的相关问题将要在董事会上讨论时，邀请他们参加董事会会议。现在常见的一种做法是要求管理人员做报告，向董事们介绍一下手头的事务，并提出他们自己的想法。然后，管理人员也可以加入讨论。在之后的董事会上，他可能会被邀请再次参加会议，对在他的职责范围内采取的措施、取得的成果和进展做一个简要的总结。

另一种让董事们了解公司的方式是邀请他们参观公司的一些关键场所：生产基地、研发中心，或者海外分支机构。如果公司是生产消费品的，比如食品，那么去超市看看陈列在货架上的商品，或者去杂货店看看本公司的商品如何被竞争对手的产品标签所包围，这些活动都是一种有益的体验。

很多公司会利用一些特殊事件来挖掘各种信息（一些主要的专业会议和其他大型会议）或者自己主办一场额外的活动，挑选一些中层和高级经理人，客户和供应商，当然还有董事们参加。这种场合能深化企业文化，鼓励公司内部人员进行互动并利用那些专家或竞争对手提出的有趣的想法。对董事们来说，像这样的集会对收集公司业务信息来说是独一无二的好机会。有些公司甚至会在活动中或活动前后安排一场董事会会议。

董事会的另一个主要信息来源是咨询公司，特别是那些有特定的部门或团队的专家，专注于公司所在行业的咨询公司。顾问们能为董事会提供行业的关键知识，并能以优化董事会绩效的方式，帮助整理和呈现这些信息。一份与董事会相关的翔实的材料有助于带来高于行业平均水平的标准，或者如果公司已经落后，那么至少能赶上行业的平均水平。

保密是至关重要的。有些公司非常在意这点，因此不事先为董事们提供任何纸质或电子版本的机密信息。这些信息会在董事会会议上披露，要么在屏幕上展现，要么在现场以书面形式提供，前提是这些资料必须归还。这些极端方式很常见。

董事们往往不喜欢这种方式，因为这样做看上去是假设他们会将董事会的资料遗忘在机场的商务休息室，或者草率地同他们的邮件联系人分享这些信息。其他保密程序包括通过加密的服务

**"我不愿泄密。"**

器提供信息，或只提供打印文本。2015 年常见的做法是，在线提供董事会会议的信息，特别敏感的问题除外，那些保密信息会在董事会会议上进行分享，有些时候只展示在屏幕上。

**想象汽车零部件公司（Imaginary Automotive Components，IAC）**

去年 6 月的一个星期六，弗兰克（Frank）在他位于阿姆斯特丹的大房子里早早地起来了。当他正喝着一杯现煮的咖啡时，他的笔记本电脑启动了。他的收件箱中堆积了一堆的邮件。其中一份邮件附带了法国想象汽车零部件公司（IAC）下一次董事会会议的相关资料。董事会会议将于下周三在巴黎召开。他按下了"打印"键，接着他继续处理他的收件箱：筛选，排序，更重要的是删除。

他将 30 张 IAC 公司董事会的会议资料装订在一起，并想着："我会在去开会的路上看这些资料的。"星期三他需要早上 5 点出门搭乘飞往巴黎的航班，飞机早上8点降落后，他应该有足够的时间赶往IAC参加计划于9：30召开的董事会。弗兰克在72岁还保持着极佳的状态，在董事会方面有很丰富的经验。他加入IAC公司的董事会已经5年了，因此商务舱1小时15分钟的行程对他来说，吃个早饭和了解IAC公司的现状和阅读一些数据足够了。IAC会派司机来接他，因此，如果需要，他至少还有30分钟的时间。

这天天气不错，他和他的太太丽贝卡一起散步。“你在想什么?”太太问道。弗兰克意识到散步的时候他一句话也没说。他正在思考着IAC公司的事情。他决定，当他回到家后，他需要腾出一些时间来好好研究一下IAC公司最新的数据并决定一两件事。弗兰克对他迄今为止为IAC公司董事会做的贡献很满意，但最近有点感到不那么舒服了。

在21世纪的前5年，IAC公司发展迅猛，收益翻番，达到了5亿欧元。公司由三个创始股东持有。他们很好地经营着这家公司，每个人都发挥所长、各司其职：其中一位专注于工业和产品方面，另一位负责市场营销和销售，第三位则管理公司财务。在2008年，那位负责销售的股东将他的股份出售给了材料和零部件供应商公司（MCS）。在之后的几个月里，新的产业合伙人加入，另两位创始人离开了公司的管理岗位，但仍然保留了其所有者权益。

在这一时期，董事会的组成结构如下：一位创始人的儿子，另一位创始人的女儿，从离职创始人手中购买了部分股份的两名高管、MCS 公司的指派人和两名独立董事。弗兰克是一家投资银行关键联系人的好朋友，就是他建议 MCS 这个产业合伙人进入这家公司。正是这位投资银行家建议设立公司董事会。他搭建了董事会的基本框架，并建议弗兰克成为董事。

作为一个工业工程师，弗兰克在荷兰的奈尔洛德（Nyenrode）商学院，欧洲其他的学校，比如巴塞罗那的 IESE 商学院，美国的哈佛商学院都接受过管理培训。他在飞利浦度过了他职业生涯的早期，之后加入了德国的大众汽车公司。后来，他在一家大型的国际咨询公司工作，然后慢慢退休并担任了各种董事职务。

2009 年，IAC 董事会决定聘用他。公司的两位创始股东和 MCS 公司的主席对他进行了面试。他们最终出具了正式的聘用通知书，弗兰克接受了。他知道他的投资银行家朋友为他说了很多好话——他在 MCS 公司有一定的话语权，是他告诉弗兰克他已经得到了那份工作——然而，弗兰克把自己看作一个独立董事。如果其他两位股东反对他的任命，那么 MCS 也不会把这个提议强加给他们的。当 MCS 的董事长提名弗兰克作为董事的时候，他很清楚他是被期望成为一个独立董事的。

在阿姆斯特丹散完步回到家后，弗兰克去了他的家庭办公室浏览了 IAC 公司的董事会会议资料。他记得，在 2009 年初，当董事会刚刚成立的时候，几乎找不到任何关于公司的可靠的信息。很明显，公司的业务做得很好，公司在赚钱，销售额也在上升，但是数据并不可靠，而且也没有反映任何清晰的战略，同整个行业（供应商、客户、竞争对手）也没有什么关联。董事会做出了出色的工作，慢慢打下了专业管理的基础：他们制定了公司战略，并运用到公司组织架构中，建立了财务工作的框架（资产负债表、损益表、现金流量表），做了预测分析，修改了不切实际的比率，获得了深入的行业信息以及 IAC 公司目前在行业中所处的位置的资料。

为了得到所有这些专业的管理工具和关键数据，董事会成员，特别是两位独立董事，强烈要求找一家优秀的咨询公司。那两位创始董事及其子女当然会全力支持他们，但他们一开始就显得犹豫。因为咨询公司的报价对他们来说似乎太高了。他们觉得这是把钱白白扔掉。但是最终咨询公司提供的数据帮助董事会对 IAC 目前的状况以及在行业中的位置有了一个清晰的了解，同时也帮助他们更有效地经营公司。

对创始人来说，IAC 公司曾是一家成功的公司。他们发现了为汽车生产商提供复杂零配件的好机会。这一行业需要高技能的劳动力、优秀的技术专家和广泛的灵活性。对于一家大型的汽车生产商来说，组织起这些东西来很难，而 IAC 就刚好填补了这一缺口。除了继续改进他们的基础产品，公司也很好地保留了它的客户。同时因为 IAC 公司供应的这些特殊的零配件只占到汽车生产商总体采购量的一小部分，要求 IAC 公司降价也不是他们的首要任务，因此公司能够保持一个吸引人的利润率。

但是当更多更全的关于公司和整个行业的信息出现的时候，弗兰克开始担心 IAC 公司的未来。IAC 公司的主要竞争对手都是些大型跨国公司。地理位置上靠近汽车生产商（比如雷诺和标致），IAC 公司的创始人同那些汽车公司的采购经理们建立起了牢固的友谊，从而以诱人的价格保持销售的稳定增长。他们还在向德国生产商的供货方面取得了一些进展，比如大众，为奥迪供货了一小段时间。但他们也从没与奔驰或宝马达成一笔交易。

在这个日益国际化的环境中，IAC 公司逐渐丢失了他们的市场份额。弗兰克没有得到任何关于他问题的真正答案。展现给董事会的预测是建立在过去的收入增长和历史性的利润率基础上的。但从 2008 年到 2012 年，现实远比预测要糟糕得多。公司一味地指责经济下滑导致了对整个汽车市场的冲击。他们不愿意在法国以外的地方冒险，这种想法很强烈，即使有数据显示 IAC 公司可以在美国、拉丁美洲、东欧、中国、印度和韩国生产和销售他们的产品。这会涉及在每个海外地区进行一个小的投资，建立一套系统、设备使产品适应当地市场，安排发货和满足客户的特殊需求。

此外，在 2013 年，IAC 公司的竞争对手抢夺了原先属于 IAC 的一些份额，部分原因是因为 IAC 无法满足激增的需求。这惹恼了弗兰克。他是在这些事情发生之后的几个月后才发现的，并且是在问了关于预测和实际数据之间的差异的具体问题之后才发现的。

他看到2014年一季度的行业数据显示，全球各个地方的汽车销售都强劲回升。弗兰克打开了IAC公司先前董事会会议的相关资料，查找到2013年一季度的业绩数据，并同2014年一季度的数据做了比较。他发现，与去年同期相比，实际收入是下降的。更令人担忧的是，与上年同期相比，利润率的下降幅度比收入的下降幅度大得多。但是缺少具体的关于不同客户、市场（出口疲软的结果）、竞争对手的相关信息。

为了能处理这个问题，他需要更多完整的数据。他有一种预感，单一集中在法国市场只会阻碍IAC公司的发展，并且使竞争即使在法国国内也变得非常激烈。公司可能采取的措施是降低价格以保持业务发展。弗兰克知道，至少同上一次在2015年2月中旬召开的董事会一样，计划中并没有产品创新。

他几乎没有意识到，自己已经在这30页的董事会会议资料和他的IAC公司文件上花费了2个小时。他写下了想要在董事会上提的问题，以便能对当前状况有一个更好的理解。他皱了皱眉，下楼吃午饭去了。

“怎么了？”丽贝卡问道。弗兰克意识到，在下一次董事会上，他应当提出对现在的股东们来说也许最好（也最紧急）的方案，那就是出售IAC公司。公司显然缺乏能使企业恢复增长的创新能力和全球布局。IAC公司目前在行业中的位置可能还很有吸引力，特别是对一些在法国还没有立足点的竞争对手来说。

弗兰克对妻子笑了笑，并决定午饭后他将为在下次董事会上说服三位股东卖掉公司股份做准备。他很高兴，在过去几年通过他不断要求提供更多关于公司和行业背景的相关资料，现在他已经掌握了足够的数据来对 IAC 公司的价值做一个合理的评估。或许，他应当同他的投资银行家朋友先沟通一下。这个想法是想让董事会接受这个出售建议，并让他的朋友在交易中出谋划策。

回到办公室，弗兰克重新考虑了他的想法。让他的朋友处理这次交易的提议是不是一件正确的事情？看上去是合理的：他对公司和股东们都很了解，他还成功地完成了出售给 MCS 的交易；他还提名了自己作为公司董事。而且弗兰克相信他的表现不错。这很好地反映了他的道德观，这场交易很可能需要他离开董事会，而且从股东们那里拿不到任何补偿金。所以，他确信这个建议能代表股东的最大利益，并且需要让他们迅速做出决定，因为 IAC 只会随着时间的流逝而逐渐失去价值。对他来说，他并没有想从中得到什么。

弗兰克察觉到 IAC 公司的管理团队在竞争日益激烈、全球化和技术密集型的环境中很难有效地管理公司。出于自责，而不是有坏的念头，经理们对数据非常吝啬，以免使公司的衰败过于明显。这使得董事们无法很好地履行他们的职责。由于他们对行业中正在发生的事情没有充分的认识，因此他们很难获得他们所需的信息来采取有效的行动。但是现在弗兰克的结论是清晰的。他们需要迅速地出售公司。公司会很快失去价值。如果他的提议被拒绝了，弗兰克想他会立刻提出辞职，离开 IAC 公司董事会。他也很有信心，他的朋友，那个投资银行家会在说服 IAC 公司方面做出特别的努力，同时也是推动这一交易进行的适当人选。弗兰克知道他在 IAC 公司董事会所做的事情在道德上是无可挑剔的。建议出售公司是他的职责，即使这样做会使他自己离开公司董事会，他作为董事的记录将他很好地归类为“独立”的范畴。

弗兰克是独立董事的一位楷模。他花了六年的时间努力使 IAC 公司的管理团队为董事会提供正确的信息。他发现了其中的差距，有些是有意为之，但最终做了更正。现在他又准备提出一个管理团队几乎从未听过的提议：卖掉公司。然而弗兰克确信这是最好的出路，而且非常紧迫。

如果交易真的进行，弗兰克很可能需要离开董事会，而且得不到任何东西。对他来说，要知道公司内和行业内正在发生的事情并不是件容易的事情。公司的管理团队试着想隐瞒公司业绩下滑和缺乏法国以外市场推动力的事实，不在乎汽车行业正在进行的快速和不可阻挡的全球化。获得和掌握最好的信息是一场真正的战争。在面对一些董事们的阻力时，弗兰克甚至不得不求助于独立咨询顾问。他在董事会里的角色并不轻松，而且几乎没有意识到，他比一个普通的非执行董事花的时间要多得多。董事会没有设立任何委员会。但是一个以正确形式成立的审计委员会有助于提升信息资料的质量。也许这是弗兰克应当尝试去做的一件事。

弗兰克可以选择的一个提议是替换公司的管理团队。这一行

“你留下来接听电话！”

动会被公司的执行董事拒绝，但是可能会得到公司所有权者的支持。然而，弗兰克相信，在这个后期阶段，已经没有充足的时间和更多的资源来实施这一IAC公司需要的、彻底的和费力的改变了。

我们不禁要问，获得和掌握正确的信息真的需要这么多年吗？弗兰克一直在反对当前的一些做法，因为有些董事对事情的状态感到满意，并且认为可以长久地持续，宁愿忽视现实。尽管如此，花费5年时间去得到一个清晰的了解，看上去确实长了点。如果出售公司的建议是在一年前决定的，那么将会更合理，而且公司的价值也会更高一些。

# 3

# 董事会的规模、会议和准备

## 董事的数量

公司的董事会究竟需要多少名董事？如果一家公司的名气非常大，或者是因为正在进行的合并或收购制造了新闻，又或者是公司正处在麻烦中，董事会成员的数量，以及他们的名字和照片往往会出现在媒体上。在信息时代，没有什么是能够做到完全保密的。这些年来，董事的平均数量已经有所减少。过去 20 年来的研究表明，董事会通常由超过 20 位成员组成。14 人至 16 人组成的董事会也不少，但是我敢打赌，随着 2020 年越来越临近，董事会成员的平均人数或会接近 8 人或 9 人。

信息传播的速度，以及媒体大胆的披露，表明现在任何人都可以获得董事会的任何信息：董事们担任了多久时间，他们的董事费是多少，他们还担任其他什么公司的董事，以及其他任何相关的信息。这些都对董事会的运作造成了压力，并导致董事数量的减少，同时也推动那些仍然在职的董事们保持更严格的专业标准。

同时，公司董事会也成为大量“软性法律”和指导方针的目标，对董事会的运作情况、问责制和透明度都提出了各种内部规章制度和新的法律法规。现如今，担任董事意味着肩负相当大的责任。臭名昭著的“安然事件”可能引发公司治理方面更为严苛的规章制度。这种负担已经成为了事实，全球化的加剧需要很多国际化组织遵守许多不同管辖区内普遍存在的规则。

**“市场听说，我用一群廉价的平庸之辈替换掉了你们诸位精英，股价都飞速上涨了十个百分点。”**

因此，与许多人可能认为的刚好相反，加入一个公司董事会绝不是去参加一场“野餐”。作为一位董事，必须对公司业务有全面的了解，保证公司的正常和高效运作，为公司带来利好消息，防止违规行为，遵守相关的法律法规，同时约束某些董事会成员可能要做的事情（比如，利益冲突原则和竞业限制法规）。

## 会议的数量

一年内需要召开几次董事会会议呢？看上去会议的数量是平均一年 8 次到 10 次。除了暑假和寒假的月份，几乎就是每月召开一次会议。然而，情况也并不总是如此，有些公司的董事会一年只开 6 次，甚至 4 次。这样不连续的会议无法使董事们很好地了解公司业务，也无法进行有效的监管。

一次董事会会议需要持续多长时间？为了实现对公司事务的彻底跟进，对业务的有效把握和关注重点问题，董事会要保证足够长的会议时间。每一位董事都需要提出他自己的意见，并进行讨论。会上可能会有很激烈的争论。为了能有效地指导具体行动，得出的结论也必须保持一致，具体可行。很明显，这都需要时间。很多公司的董事会会议一般是持续 6 小时，当然偶尔也有董事会会议召开一整天的，这需要提前说明。

在过去几年里，惯常的程序是循环安排董事会会议的日程。最迟在 9 月份，就会确定下一年度董事会会议的日程安排。当着所有董事的面，董事会主席会建议一个日程安排并作一些相应的调整，尽可能让董事们提前做一些安排。

## 女性董事的数量

另一个需要公司董事会慎重考虑的问题是董事会中女性董事的数量。目前欧洲和美国的公司董事会中女性成员的比例大约是23%。一个相关的且有趣的问题是：有多少女性进入了商界？那个数字代表的含义可能正是这个问题的答案：有多少女性获得了MBA学历？根据对世界领先的商学院的入学数据的调查，目前在读的MBA课程中，女性的比例接近30%。这一比例还在增加。25年前，当时的比例大约只有20%。这表明，如果在那时20%的初级管理候选人是女性的话，那么在今天的企业高级管理层中应看到相似的女性比例。

然而，在很多企业中，公司董事会成员的女性比例要远远低于20%。不过事实上，董事会以外有很多有着丰富经验、非常合格的女性能够成为优秀的董事候选人。从客观、专业的角度来看，我们可以预测，到2020年，至少有1/3的董事成员是女性。

董事的任期是多久？绝大部分公司的董事的任职期限是四年或五年，但会允许一次连任竞选。这就使得总任期在八年到十年。从历史上看，也有一些董事的任期超过了20年。但是展望2020，职位更替似乎有加速的趋势。

作为一名董事，想在不到一年的时间里对公司有一个全面的了解是很困难的。因此人事变动频率要保持平衡。在一个八到十人的董事会中，完美的频率是一年替换一个董事。这确保了董事的连续性和更迭性。如果董事会主席也是公司的首席执行官，且他被证明有效地管理了公司，公司业绩也很不错，那么他的任期应该更长一些。其他董事，特别是独立董事，应当随着董事会在战略发展中的变化，每八到十年轮换一次。

“是时候说再见了，我遇到了另外一家董事会，我选择了他们。”

## 董事的培训

什么样的人，才有资格成为一名董事？在回答这个问题时，我们先来看看 2020 年的状况。在全球化和数字化转型影响整个价值链的过程中，我们正紧盯着机会。董事们需要有创新和创业的心态，同时遵守现行的法律法规，为公司的社会责任做出持续、有意义的贡献。董事会应当解决所有这些问题，确保覆盖的范围足够全面并做得很好，朝着正确的方向发展并创造价值。这一切显然对董事们提出了越来越高的要求：他们必须胜任董事会的各项需求，包括培训、任职资格和技能等。

这是有道理的。比如说，在一家专业生产高科技医疗诊断设备的公司，董事会中需要一名医生。那位医生也需要具备商业头脑，并且其他的董事也必须拥有足够的医学知识来了解公司的产品和市场。幸运的是，现如今关于商业基础和公司治理方面的课程十分丰富，可供培训专业人员，同时，董事会也越来越意识到对董事持续培训的重要性。

我们时代的另一关键主题是国际化。董事们应该有国际从业记录：也许他们曾在国际化的公司里工作过，在其他国家管理过公司或分支机构，或者在全球化组织中担任过董事。一个称职的董事应该能从容面对国际化挑战，并能指引和鼓励公司采取全球化战略。

## 董事会秘书

董事会秘书正扮演着越来越重要的角色。首先，他负责后勤安排，比如安排电话会议，发送相关文件，联络公司根据董事的需要做出相应的说明和提供进一步的信息（比如，联系审计委员会，确认意外数据，澄清可能的错误，或建议对会议议程上一个既定的项目做更深入的处理）。

其次，董事会秘书需要起草会议纪要，记录下董事提出的主要问题以及所做的决定。董事会秘书通常需要从法律的角度来筛查董事会的决议。这对上市公司来说尤为重要。有些时候，董事会秘书一职实际上外包给了有公司治理方面专家的律师事务所。

会议纪要也涉及保密问题。任何写下的或传递的信息都有可能由于粗心或恶意而最终用于不好的目的。那些影响公司发展的特别敏感的问题是否需要包括在会议纪要里呢？我们能够要求董事们从一个有密码保护的服务器上下载会议纪要吗？有些董事会秘书能很艺术地处理会议纪要，只有董事会成员能够理解，因为董事们能清楚地知道已经讨论的关键问题和方案。然而，有些时候，当涉及一件高度机密的事情时，董事会秘书会在下一次的董事会会议上进行阅读（如果觉得合适的话），由在场的董事们直接通过，随后不会再进行流转。

**保健食品供应商（Healthy Food Supplier，HFS）**

保健食品供应商（HFS）是一家专业从事保健食品分销的公司。这些高品质的产品强调了与健康相关的方面（含糖量、维生素含量，品牌在质量和卫生方面有着很高的信誉度，等等）。这些产品在超市划定的卫生区域进行出售，或由专售健康食品的零售商以及可出售接近非处方药的保健食品的普通分销商经销。在2015年，这个家族企业由兄弟二人和他们的两位表兄妹持相同比例股份所有。公司的执行主席是一位专业人士。他既不是股东也不是家族成员。目前公司所有权者的父母在大约10年前，也就是在将公司股份转交给下一代的时候，在整个家族都同意的情况下任命了现在的执行主席。

在2014年，公司的股东之一拉尔夫考入了美国一所顶尖的商业学院，并学习了关于公司治理的相关课程。这对他影响深远。他说服了其他三位董事建立公司董事会。拉尔夫建议他们可以与教授他公司管理课程的教授进行联系，在建立一个专业的董事会时寻求他的帮助。

教授将他们请进了他的办公室，问他们是否带来了一些公司的财务数据。他们说没有。教授接着询问他们公司的一些整体数据，但是股东们几乎无法回答，他们并没有直接经营公司，他们把业务的经营委托给了公司的财务总监。每年4月之前，财务总监都会提供给他们经过审计的上一年度的财务报表。他们至少还记得最基本的数据，公司目前是盈利的，而且也没有相应的负债。他们没法提供更详细的信息了，但他们对产品和主要的客户还是比较了解的。

这四位股东中，一位是工程学方面的博士，一位是医生，他们都在各自的领域工作。剩下的两位毕业于经济学系，在房地产市场做得风生水起。

教授发现他们希望他能够在无任何帮助的情况下建立起公司的董事会。四位股东意识到，只有一位好的经理人是远远不够的。他们需要一个董事会来监督，帮助他们保持甚至提高公司的业绩，并在有需要的时候——比如当这个经理人生病的时候——介入管理。

考虑到公司目前的现实情况，教授建议组建一个 8 人董事会。理想的组合是，董事会由 4 位股东、执行主席、财务总监和另外 2 位从外部招募的董事组成。4 位股东是专有董事，2 位公司内部的人员是执行董事，另外 2 位新人就是独立董事。教授提出了这样的一个董事会架构。股东们强烈要求教授本人能接受其中一个独立董事的职位。

教授认识许多在各种公司担任董事的专业人士。他们中不止一人能很好地胜任 HFS 的董事职位。但是为了能够招募到真正意义上的独立人士，他觉得最好的方式是聘请一家专业招聘董事会成员的猎头公司。这同截至目前所做的决定是一致的，而且也能为同一整个团队的专家一起讨论董事会的架构提供一个途径。尽管价格很高，4 位股东还是很好地采纳了这一建议。

教授被要求在最初的几次董事会会议上担任董事会秘书，之后他会将这一职位留给一位他们经常寻求法律建议的律师事务所的律师。教授似乎做得很不错，虽然远离董事会、并以一个局外人的身份为这个家族提供建议能更好地保护他的独立性。作为一个董事，他受到大多数董事会相关决议的影响。比如说，第一次董事会安排得不够好，董事会的架构可能需要重新思考；另一个例子是，替换掉家族成员的董事，招聘一位新的董事，换掉现有的董事，等等。委托一个专业的招聘公司招募其他独立董事，应该是一个好主意。而且可以能利用这次的经历，从猎头的视角、反应，提出的问题和相关的评价来获得董事会在建立过程中的专家意见。

如果教授远离公司董事会，那么招募两位独立董事的专业招聘公司提供的全方位的专业服务可能会给公司带来更丰富的经验和创造更大的价值。他作为这个家族的顾问的角色是很关键的，而作为公司的独立董事却与这一点有些不一致。然而，他关于担任董事会秘书的提议是明智的，因为公司内部很可能没有人对公司面临的风险，特别是保健领域的情况有必需的专业知识和认识。

2015 年 7 月，欧洲中央银行批评西班牙银行没有在他们的董事会会议纪要中提供足够多的信息。很可能是银行所做的关键举措和被媒体报道的事情并没有被记录在会议纪要里，但很显然，这些肯定是在董事会上讨论过的。让我们回到保密的问题上，这对快速执行一个雄心勃勃的战略和驱动创业都是至关重要的。

# 4

# 董事会的程序

## 集体互动

前哈佛商学院教授拉姆·查兰（Ram Charan）将自己大部分的学术生涯致力于“公司董事会”这一主题，据他的研究，为了能让董事会更有效地发挥作用，必须要有正确的集体互动。[6]拉姆认为董事们必须建立一个高效率且有实际效用的工作小组。他经常引用著名首席执行官、通用电气的董事会主席杰夫·伊梅尔特（Jeff Immelt）的话：“董事会应当成为一个每种声音都会被倾听的地方。我们的会议室是公开的，董事们可以在任何时候同任何人进行互动。”迈克尔·加罗（Michael Garo），一位成功经营着一系列业务的企业家，拥有超过 30 家以他名字命名的公司，对此毫不怀疑。[7]

董事会会议上的各种对话要求董事们能够很好地做好事先准

备，当然，反过来，这也需要提供给他们准确和完整的信息，帮助他们更好地了解公司和相关行业。董事们会发现，要达成能够引导战略决策的对话并不简单，因为这可能会涉及重大的投资，或影响一大批对公司充满信任的员工和股东。

## 董事的类型

为了说明让董事会进行持续性讨论的困难，让我们先来识别一些“极端”类型的董事。

### 自封的“专家型”董事

这位“专家”曾在一家大型公司，我们暂且说是 ABC 全球公司，他在董事会任职过。通常，他都会说这样的话：“每当这样的问题在 ABC 全球公司的董事会上提出，我们总是决定这样做，那样做。”ABC 全球公司太有名气了，“专家”董事相信由于 ABC 公司的声望，他为公司做的贡献就更有分量了。

当然，如果手头的事情真能像他之前在那个大公司担任董事期间所经历的，那么当他说道，“我们之前碰到这样的事情时，我们会做这些事情（在保密的情况下）”则是有价值的。

### “我有一个问题型”董事

当谈话涉及 16 个人时，想要插上话是很难的。打断这个流程和让自己的声音被听到的方法是问一个同当前发言人说的内容

**“看在上帝的分儿上，爱德华，把激光笔拿开。”**

或多或少有关的问题。比如说，当两个董事正在讨论在一些比较麻烦的市场，比如巴西（尽管有着很大的潜力，但在 2015 年出现了下滑），应该采取的商业措施时，一位“我有一个问题型”董事会跳起来说：“对不起，我有一个问题。我们在巴西还有经销商吗？他们在拉丁美洲的其他国家也做着同样的事情吗？”

一旦他的一只脚踏进了门，他并不急于等待他问题的答案，而是继续他想说的话题：“在我们行业，有些经销商已经牢牢地扎根在了拉丁美洲，由于我们在那里没有一个固定的办公场所，也许我们应该找一个强大的经销商建立联盟……”

## “话匣子型”董事

有些董事看上去并不清楚自己的唠叨。他们说的东西几乎没有包含什么实质性内容。看上去，他们一直在试图谈到他们说话的中心，如果真的有这个中心的话。他们似乎是在大声地思考。这种情况有时会发生在那些曾经担任过高级职务或公职的人身上，在他们的任期内，他们习惯于不被打断的发言，尽管没有说什么实质性的东西。他们习惯于大声说话，这样其他董事就很难提出不同的话题或提出相关的看法。

### “沉默寡言型”董事

这种“沉默寡言型”董事说得很少。他的优势是一旦他发出信号表示他想要说些什么，他会马上被授予发言权，并且每个人都准备聆听。这一类型的董事，由于说得太少，那么他陈述的内容最好有足够大的价值。一位安静的、有学识的、准备充分的董事针对关键问题的讨论是很有帮助的，并能推动会议的进行。

### “技术型”董事

在一些董事会上，通常会有一位董事掌握了能影响公司发展的关键问题。在面对技术转型和对公司可能产生的影响时，能有一位了解技术的董事在会议开始时花 20 ~ 30 分钟（不要再多了）来向其他董事介绍一下目前可能会触及到的行业，特别是公司的最新的变化发展，对会议的推动将很有帮助。

以一家制药公司的董事会为例，其竞争对手收购了一家生物技术公司。一个给定的疾病的传统药物治疗很可能会被一个生物技术方法所取代。如果这对公司来说是很急迫的，公司的很多方面，包括研发、生产、市场营销和销售都会受到影响，董事会应当敦促和监督关键战略的变化。

## “人脉型”董事

“人脉型”董事进入董事会，将他的笔记本电脑放在会议桌上，开机并开始阅读屏幕上的董事会会议资料。在会议进程中，他花了一点时间浏览了他的电子邮件，并火速回复了几封他认为不能等的邮件。在他的笔记本电脑旁，不经意地放着他的 iPad，这样他就能继续阅读邮件，同时又不会漏掉笔记本上的董事会会议资料。在笔记本电脑的另一边，还有他的手机，已经被设置为“振动”模式。

在会议期间，他倾听发言，参加讨论，并用笔记本电脑做了相关摘要。偶尔，他的电话响了。他接起来，看看是谁打来的，有时他会轻声耳语：“我现在不能说话，我正在开董事会。我稍后打给你。”但有时候他会说：“好的，把他接进来。”他站起来，并走向董事会会议室的一个角落，他认为不会有人听到他的声音。但事实上，他提高了他的嗓音，就像很多人在接听电话时那样。

在 6 个小时的董事会会议结束时，“人脉型”董事可能花费了一个小时用于阅读和回复邮件、接听电话和打电话，以及发短信和回短信。最糟糕的是，他完全不知道，他的走进走出惹恼了其他董事，尤其是董事会主席。

“啊？哦，是的，我愿意。”

## 管理董事会会议

上面举的一些例子可能有些极端，但在一个 10 人的董事会中，很可能会有一些人，至少有一部分人类似于上面描述的“类型”。为了保证董事会团队能够取得会议进展，并达成一系列决定，引导公司走向战略价值创造，必须要有一个或两个人能控制会议的节奏，保证会议有效地进行。这应该是董事会主席的主要职责。董事会秘书应当经常提供帮助，提醒董事们会议议程上的项目，监督已取得的相关的进展，控制时间分配。并为了董事会会议纪要的准确性，针对不清楚的细节在会议上进行解释和澄清。

**欧洲奢华食品（Luxe Food Europe，LFE）**

马蒂厄·庞珀（Mathieu Pomper）是欧洲奢华食品（LFE）公司的董事会主席。LFE 是一家专业生产高品质和华丽设计的饼干和巧克力的公司。在 2015 年的早些时候，公司召开了董事会会议，向董事们宣布进入中国市场的计划进展顺利，相关的讨论也会集中在这一主题上。他邀请了国际事业部的负责人，查尔斯·德尚（Charles Deschamps）来为董事们简要介绍一下中国市场的进展情况。LFE 在欧洲、美国、加拿大、墨西哥和北非销售他们的产品。大约在一年前，董事会主席宣布，对 LFE 来说，中国应该成为一个有吸引力的新兴市场。董事会鼓励他做一些这方面的调研并提交一份相关的行动计划。

查尔斯·德尚用一套幻灯片来演示他的讲演文稿。他的简要介绍从对 LFE 商品在中国市场的潜力规模预测和对潜在竞争对手，主要是其他欧洲和美国生产商的概述开始。查尔斯·德尚相信在中国，对从欧洲进口的高品质，一些“定制”的食品有一个广大且不断增长的市场。中国本土的生产商不可能在短期内提供相似的产品。董事们听得很认真。市场调研是由一家在中国已站稳脚跟的咨询公司完成的。

之后，董事会主席马蒂厄·庞珀对查尔斯·德尚的讲演做了补充。然后，他邀请董事们提出问题。只有卡尔洛·达维尼（Carlo Davini），一位独立董事提出了问题。他详细地谈论了媒体上报道的对高估的中国股票市场进行的大幅调整、人民币贬值、一些媒体表达的对中国经济增长放缓的担忧，在中国做生意的难处，中国生产商模仿 LFE 产品的风险等。

这个时候，董事会主席很有礼貌地打断了他的发言，理由是时间不够了。他请德尚再次发言。德尚继续了关于在中国寻求机会的讲演。在同一家做市场调研的咨询公司的帮助下，LFE 在中国成立了一家公司并打算招募一位地区负责人。首先，LFE 会通过经销商使其产品进入中国，但也不排除选择直接存在的销售点（“黄金一英里”购物中心，高端购物中心）。至于区域负责人的职位，他想找一个欧洲人或北美洲人，但最好是法国人，已经在中国有相关的工作经验并懂得中文。

马塞尔·拉克利德（Marcel Laclede）打断了他的谈话，并提醒董事会他之前是一家领先的法国公司的董事，这家公司自 20 世纪 90 年代起就进入了中国市场。他说，打开中国市场大门的方式是找到一个当地的合作伙伴，在一家信誉良好的律师事务所的帮助下锁定所有的细节问题，并同意这样的合作策略。根据他的经验，他坚定地断言，同中国打交道必须要找一个合作伙伴。

卡拉·吕布（Carla Ribaud），另一位独立董事，对中国市场没有什么经验。但她是一家已进入拉丁美洲的公司的董事会成员。可以直接进入市场，就像 LFE 公司的国际事业部负责人现在提议的，企业也做得很好。她觉得找合作伙伴可能会使事情变得更复杂。于是她轻声地建议：“看上去查尔斯·德尚已经在这方面考虑了很多了，也许我们应该让他继续下去。”

德尚解释说，目前公司正在根据地域分布选择两家经销商。LFE 已经去中国对他们进行了拜访，同时经销商也派人员参观了 LFE 位于法国的总部。看上去公司正在同经销商建立良好的关系。这两家都是很有经验的经销商，他们之前已经同其他欧洲和美国公司进行了合作，它们当然不是 LFE 的竞争对手，但还是具有可比性。德尚又说，通过一家世界知名的猎头公司位于中国的办事处，他们预计在未来的一个月内，将会提供 2～3 名中国区域负责人的候选人。

独立董事马塞尔·拉克利德一再坚持说，中国市场是相当复杂的，几乎没有一家欧洲公司能够顺利地进入。根据他之前担任董事的那家非常有声誉公司的经验，进入一些复杂的国家，通常都需要通过一个当地的合作伙伴，而且即便如此，也不一定能保证成功。然而，卡拉·吕布却对查尔斯取得的进展表示祝贺。作为提名和薪酬委员会的一员，她提出帮助他选择正确的候选人来运作中国项目，并认为这对她来说是一个学习的机会。董事会主席感谢卡拉提供的帮助，接着开始进行下一个议程。

LFE 公司的案例分析反映了之前提到的两种情况。首先，我们看到了“话匣子”型的卡尔洛·达维尼。他喋喋不休地说着那些已经被媒体广泛报道且董事会成员都已知晓的话题。很明显，这是在浪费时间，董事会主席及时打断他是正确的。马塞尔·拉克利德，或许我们可以将他表述为自封的“专家”，他不止一次地打断了董事会，没有充分说明他的理由，只一味提出要采用他之前担任过董事的一家大公司进入中国的方式。

我们还有另一位董事，卡拉·吕布，事实上她通过强调董事会监管关键问题的能力，试图支持公司国际事业部负责人和执行主席所做的工作，在这个案例中，就是让提名和薪酬委员会介入中国区域负责人的选择，寻找前进的方式。

## 董事的职责

如果我们现在要数一下正处在法定利益冲突中的董事的人数，我们会得到一个数以万计的人数，而且数量还会增加。当我正在修改这本书的手稿时，“大众事件”成了头条新闻。这将会成为历史性的里程碑。董事会的问责性可比作其他形式的专业责任，如在医药界和政界。期待人们的行为符合规则的要求是很自然的，当股价很高时，这些规则的要求就会更高。一个医生掌握了人类的健康，甚至人类的生命。而作为公司董事，他们需要对公司的利润、上千人的就业，还有公司客户的利益负责。

最近，我有机会在数百名听众前介绍了一位中国大亨，陈启宗（Ronnie Chan）。他是一家大型控股公司的董事长和所有权人，涉足的业务多元，从中国房地产到在纽约交易所上市的技术公司都涵盖其中。

很多年前，我和他在中国香港专门碰了次面，当时媒体对他的报道可谓铺天盖地。作为安然公司董事会的一员，他成为了调查的目标。安然公司刚刚在一个明显的欺诈事件中破产了。最终，司法体系为他正了名：安然公司成立了一个世界级的董事会，但是却越描越黑。董事会成员完全脱离现实，虽然表面看上去似乎有正确的架构。

在讲演中，陈启宗（Ronnie Chan）授权我来解释这一切。耶鲁商学院院长杰弗里·桑尼菲尔德（Jeffrey A. Sonnenfeld）说到安然公司时这样讲道："董事会拥有任何公司都不可能有的更合适的财务能力和经验。"[8]因为了解陈启宗（Ronnie Chan），我相信他加入安然公司董事会绝对不是因为金钱或名望，因为他早已拥有了这两者。他的动机必然是渴望在一个雄心勃勃的国际化商业项目中学习和得到提升。

**"嗯，现在还没有理由恐慌，我认为我们只是慎重地做好应对恐慌的准备。"**

很少会有董事对他们加入的董事会进行严格的法律审查。然而，现在越来越普遍的做法是，如果合适的话，公司自身会对董事们偶尔面临的起诉、诉讼或者处罚提供保障，因为不可能以股东的名义来为一个不诚实的董事支付罚款。

如前所述，使事情变得更糟糕的一个因素是，公司业务正面临着日益繁复的各种法律法规，但这些法律法规却无法在全球范围内形成统一。一项业务在部分国家是合法的，在部分国家却是非法的，剩下的处于法律边缘，可能伤害股东、供应商、竞争对手或其他可能受影响的人的交易，会采用可能的法律行为作为谈判的筹码，或者作为掩盖他们自己的错误或罪过的方式。很多法律纠纷，到头来都不是为了对被告公司做出任何处罚，而是为了抓住媒体的头版头条，破坏公司和董事会的声誉。在写这本书的时候，媒体正在关注瑞银集团在 2015 年 1 月支付的 1440 万美金的罚款，纽约州总检察长对英国巴克莱银行的指控。媒体还在报道“大众”不得不为其柴油发动机排放测试作弊支付大笔的补偿金。

这些丑闻围绕的违规行为大多是在向投资者配售全能产品的背景下发生的。其他案件则可能简单地同维持或提升销售业绩有关。显而易见，这些处罚以及大量的媒体报道是可怕的宣传，毫无疑问会促使公司召开紧急董事会会议，改善管理活动或改组，迫使董事会成员辞职。这不是一位董事会成员想要写进简历里面的事情。

**区域储蓄银行（Caja de Ahorros Regional，CAR）**

2007 年年底，区域储蓄银行（CAR），一家典型的西班牙储蓄银行召开了一次董事会会议。像往常一样，董事会会议从下午 1 点开始，包含午餐，再从 2 点半持续到 4 点。会议开始前和会上都没有提供或传达任何信息。有些数据显示在会议室的屏幕上，有些则被大声地念出来。被披露的这些数据对董事们来说都很不错。银行的增长速度稍稍领先于外部大环境的经济增长速度，盈利能力也略高于银行业的平均水平，不良贷款和坏账数额也很少。银行还经营着一个支持一所小区域的大学的慈善基金，为海外留学生颁发奖学金和助学金。

银行没有提供其贷款的详细信息。这些数据没有按照借款人种类或借款目的（抵押贷款、商业贷款、销售融资、客户贷款等）进行分类。这样做的原因是什么呢？举例说，如果银行向董事会披露了一些较强的经销商汽车销售融资的细节，那么其他经销商会对银行施加压力。这种情况也同样会发生在抵押贷款业务方面。

董事会由 18 位董事组成，其中绝大部分是独立董事：在银行储蓄业务方面有较高声誉的人；当地政府的前官员（地区政府，州首府市长，区域公立大学的校长）；两位董事是银行的前主席和前首席执行官，他们因为达到了退休年龄而离开了他们之前的工作岗位。

乔斯（Jose）从美国回来后被任命为当地一所大学的经济学教授。在美国时，他被授予了博士学位，并在一所知名的学校任教了两年。2007 年后期，他被邀请加入 CAR 公司的董事会。乔斯抓住了这次机会。他作为教授的身份，使他同其他董事会成员处于同等地位。他在学术培训方面的价值是毋庸置疑的。此外，这份工作不会花费太多时间。他能建立很好的人脉，同时，董事报酬也很吸引人。他在美国过了五年预算紧张的生活，最近刚刚结婚、搬家、买了车子和房子，额外的钱迟早会有用的。他阅读了一两本关于公司治理和公司董事会方面的书籍。

在他参加的第一次董事会会议上，董事会主席将他介绍给了其他与会人员，之后开始了会议议程上的内容。他宣读了一些关于储蓄银行的数据，并强调这些数据是强而有力的。他说经济形势良好，信贷需求也很高。乔斯有印象，储蓄银行在抵押贷款业务中做得风生水起。在 CAR 分行、支行最为集中的区域，房屋正在以飞快的速度建造着，当他自己申请抵押贷款时，他发现需要排很长的队伍。他在会上询问说不知道他的这种猜测是否正确，但是董事会主席回复说，出于保密的原因，他无法公开银行有关畅销产品的具体信息。他请董事们放心，所有的贷款都经过仔细的审核，同时有足够的抵押品担保。

董事会被告知银行购买了一个创新性投资基金的股份，其他储蓄银行也都购买了。这一基金认为某种特定的货币，类似于美元，它的价值被高估了，并很可能会贬值。没有董事对此做出反应。

董事会主席宣布，基于该银行 2007 年的强劲表现，管理团队将获得奖金。此外，他们的工资和养老金福利都将得到改善。他没有给出具体的数据。然而，他却明确提出董事会成员的收入也将增加。此后，讨论转向了关于另一家储蓄银行管理层的变动，这家银行同 CAR 有常规的业务往来。他们提到了政治背景和董事会可能发生的变化。随后又变成了更泛泛地讨论媒体上披露的关于政治、经济和商业领域中的一些时事。

乔斯没有料到会是这样。他不知道该银行投资的是什么，但他怀疑主要是房地产。他读到过一篇来自于他毕业的美国商学院的电子邮件新闻，是关于房地产业的周期性问题的。一位商学院的知名教授写了这篇文章，警告说经济衰退很快就要来临了，这在美国已经能够感受到，并且最终将产生全球效应。另一方面，美元将持续增长，而银行业由于其在繁荣时期做得过度自信的投资，将处于一个危险的状态。

乔斯意识到董事会主席感到非常满足，而且似乎根本不关心任何这些问题，于是决定联系他的姐姐，一位著名的律师。这对姐弟经常用一种专业和保密的方式一起分享他们的疑虑和担忧。她告诉他，面对建筑公司和开发商时，银行很少会遵循严格的按揭贷款和信贷方面的规则。她说，她的很多客户，即使项目部并没有什么眉目，也可以轻而易举地获得银行的融资。她建议她弟弟离开 CAR 的董事会。“这样下去不会有好结果。”她说。乔斯听从了她的建议，立即提出了离职，理由是，出于职业上的考虑，他打算搬去另一个城市。

CAR 是一家在 2009 开始袭击西班牙的金融危机中受到重创的银行之一，在接下去的几年来，金融危机的情况更糟。一些没有适当监管的交易引发了媒体的关注和报道，受到伤害的储户们指控银行的高管和董事会玩忽职守，可能是故意而为之。

我们已经看到，乔斯能够从法律风险的角度权衡董事会成员的利弊。他寻求专业法律人员对此情况的意见，并最终依此作出弊大于利的判断。但是董事会有 18 位成员，其他人无论是因为无知、盲目的信任或对自己能力的高估，似乎都感觉很舒服。

董事会并不是一个用来展现认真、可信赖程度和高素质的公共关系机构。有些时候，高级管理人员和主要股东将董事会对媒体的影响作为其主要目的，一种保证或背书。有些董事很高兴自己被选进这个团体，却不知道自己正冒着被愚弄的风险。

有些董事会有一条规则，就是每次董事会会议上，董事会秘书必须汇报任何法律诉讼的进展情况，以及任何最终可能产生法律后果的问题。但有时候，这是审计委员会需要关注的事情。

**拉美全球（Promotora Latina Global，PLA）**

罗杰·拉姆（Roger Lamb）因被指控贿赂拉丁美洲的高级政府官员和企业高管而被拘留关押。拉美全球是一家全球性的公司，特别是在拉丁美洲，它以房地产开发和建筑业务（公寓楼、办公楼、商业中心、道路、高速公路、机场和其他基础设施）起家。罗杰是公司的首席执行官和董事会主席。当他被关在监狱中时，他不知道其他董事们发生了什么，他没有办法同他的律师沟通。一切都那么令人惊讶。他第一次得知事情不对劲，是当警察拿着一张法官签署的逮捕令来他的办公室，并把他关进监狱的时候。

几天后，在一家顶级律所的帮助下，他得知一位财务和控制部门的经理因为涉嫌挪用公款而被解雇。这个人之后向警方提供了一份详细记录了向有关键决策权的高级官员进行现金贿赂的报告，涉及对建筑合同、许可证、对获奖项目的变更、预算增加等方面的奖励。

这些贿赂中大部分都是些小回扣，但有些也相当可观。这个问题在董事会上曾经讨论过，虽然没有什么细节。公司有些现金资金涉及假发票的开具。管理层和董事会的立场一直是，这是在一些市场进行有效运作的唯一途径。他们的政策是试图以这种方式来谈判，避免贿赂任何人，最重要的是，防止公司经理们从中受益。董事会将这些做法视为一种“疾病”，但他们不得不生活下去。

PLA 的高管们知道其他公司也进行贿赂，因为收受贿赂的人和他们的同伙会让人告知他们这些信息。PLA 自己的律师竭尽所能，以可能的最好方式重新安排这些不合规的交易，避免在查询中被发现。

罗杰觉得这种状况不公平。他从他的律师那里得知，这件事情成为了媒体报道的丑闻，公司沟通部门的负责人正在想办法遏制。媒体指责他是一个犯罪分子，通过诈骗来致富。根据他律师的建议，罗杰辞去了董事会主席一职。董事会从公司外部另外聘请了一位有着良好过往从业记录和丰富行业知识的新主席。毫无疑问，竞争对手会抓住这次机会挖走一些 PLA 公司正在努力进行的项目。

罗杰的律师告诉他，一旦支付了保释金，他很可能会被释放。之后，他们会考虑加快进程和以支付罚款的方式解决这个问题会不会是最好的办法。或者，如果可能被判入狱，则尽可能地拖延进程。

我们能从罗杰的经历中学到些什么？非常简单：你必须要做正确的事情。有两个无可辩驳的原因。首先，在各行各业中，包括经商，遵守职业道德是我们的职责。其次，没有什么东西可以永久保密，任何不正当的行为最终都将水落石出。在信息时代，一些特意被保密的内容在 30 分钟后就可能出现在社交媒体上，引发各种评论和争辩。

董事会必须利用现有的各种方式（审计委员会、法定审计师、高级管理人员出席董事会会议、重大交易的详细分析）来保证公司所做的每一件事情都符合法律规定。

当然，有一些市场做得更腐败。但是，一些公司放弃了这些市场，正是考虑到想要在这些市场中合法地做事太难了。有些公司则能够在这样的市场中，凭借以下一个或多个因素，合法地进行运作：纯粹的品牌力量，社会各界人士均有所耳闻的且有力的社会贡献等。这样，公司的道德声誉成为自身的吸引力，或者他们所达到的技术标准及市场竞争力，也可能成为其脱颖而出的原因之一。

# 5

# 董事会的报酬

董事会的报酬在每家公司，每个国家都是不同的。但我们现在越来越多地看到全世界正在融合为一个整体。公司将业务扩大到了全球范围，董事们也被要求通过任命不同国籍的、有着国际工作经验的人加入董事会，以期获得国际视野。我们可以期待，到了2020年，董事会薪酬也将在国际范围内达到一个相对统一的水平。

决定董事会报酬的关键变量是公司的规模，这在世界上的每个地方都是一样的。许多咨询公司发布了关于董事会报酬的调研报告，当然，报告中提供的数据只是不同规模的公司的董事们的平均水平。但是这些资料是有价值的，因为它可以使董事们相信，他们的薪酬与同行业其他公司支付的是一致的。单独披露董事的薪酬是不寻常的（外部调研保证这些机密），但是有些时候，公司会将董事会作为一个整体，公布整体报酬，这样就能提供一个相当明确的指引，可以显示一位董事可期望的报酬是多少。

董事会报酬由几部分组成。有些公司只支付固定金额，有些则引入了可变因素。固定金额可以分解为基本报酬、每次出勤的报酬、担任的委员会成员的报酬（如审计委员会、提名和薪酬委员会、战略委员会的成员）。变动薪酬包括同目标完成情况紧密相连的奖金。部分奖金可以以公司股票的方式支付。在未上市公司中，这些股份属于为了支付给董事和高级管理人员而特别设立的专项基金。基金的价值根据一个给定的公式，同公司的价值相一致。如果公司取得了突出的业绩，公司价值增加，那么基金的价值也会随之上涨。根据各种不同条件（收到“股份”后服务公司的年限），管理人员可以在同一个基金中将股份转换成现金。

很多公司在经济不景气的那些年里支付给董事的报酬都保持不变。但自从 2014 年起，董事会报酬正在上涨，之前损失的部分也会在未来几年中陆续得到弥补。

根据最近的一系列研究调查，我们已经得到一些非常初步的数据。一家年收入少于 5 亿美金的公司的董事，可以挣到每年大约 6 万美金的报酬，不包括委员会成员的报酬，其中每个委员会成员每年大约 1.2 万美金。那些收入在 10 亿至 20 亿美金的公司里，这些数据将分别提高到 8 万美金和 1.5 万美金。年收入超过 100 亿美金的公司则会分别支付给他们的董事大约 15 万美金和 2 万美金的报酬。当然，有些董事的报酬远远高于这些。这些数据包括了变动薪酬。如果董事需要出差，那么飞机票、酒店和其他相关费用都会另外计算。

"告诉大家，我们不想伤害任何人。我们想要的只是他们的钱。"

在大部分公司中，非执行董事的收入是一样的。另一方面，执行董事，首先作为公司高管，收入会按照他们的职位支付，同时作为董事，因为他们额外的贡献和职责，报酬会高一些。

如果公司是上市公司，那么部分变动薪酬会以股票的形式发放。价值按当时的市场价格来支付。如果公司不是上市公司，一个国家公司的价值可以用一个特点的公式进行评估（比如，10 × 扣除利息、所得税、折旧和摊销前的利润（EBITDA） – 债务）。高级管理人员和董事们的股票可以在规定的一段时间后折现。这么做的目的是激励长期的价值创造和保留那些高级管理人员和董事。

**德意志通用机械（Deutsche Universal Mechanismen，DUM）**

哈雷姆特·伯格尔曼（Hellmut Burgelmann）于 2014 年加入 DUM 公司董事会担任独立董事，全年报酬是 8 万美金。2015 年 1 月，在他加入董事会一年后，董事会主席告诉哈雷姆特，由于 2014 年公司取得了不错的业绩，DUM 公司对他的贡献也很满意，2015 年他的收入将提高到 9 万美金。他还建议哈雷姆特加入审计委员会，代替一个三年前加入董事会的董事（DUM 公司的政策是委员会成员每三年轮换一次），额外的报酬是每年 2. 5 万美金。

DUM 公司一年召开 10 次董事会会议，除了 7 月和 12 月，每个月的月末召开一次。每次会议持续一整天，从上午 9 点开始至下午 5 点结束。董事会由 10 名董事组成，其中 3 位是公司的管理人员，包括首席执行官（他也是董事会主席），3 位是股东任命的人员（公司是上市公司），3 位是独立董事。审计委员会一年召开 4 次，在董事会会议召开的前一天的下午举行，每次持续 3 小时。

哈雷姆特同时还是一家著名的汽车生产商和一家主要的化学品生产商的董事会成员。他在一家领先的咨询公司度过了他职业生涯的大部分时间。他所担任的董事职位都是由他之前作为咨询顾问的公司提供的。DUM 是一家专业从事高度专业化机器生产的公司，这些机器用以包装药品、某些食品和消费品。公司同时还制造生产链自动化设备。

出差去参加 DUM 公司的董事会时，在慕尼黑机场大厅，哈雷姆特碰上了他的老朋友马克，他刚去上海参加了一个机械交易会。马克告诉他，在交易会上，他同 DUM 公司的董事会主席和首席技术和运营官进行了沟通，他对这两个人都很了解。交易会非常有意思，马克说 DUM 公司是参展商，马克并不知道哈雷姆特现在正是 DUM 公司的董事。马克提到，一年前，该公司董事会主席提供给他一个担任独立董事的机会。但那时马克无法接受这个职位，因为马克还是一家同 DUM 公司有着部分重叠业务的公司的董事。DUM 公司的董事会主席开出的报酬是年薪 15 万美金，外加审计委员会委员的 2.5 万美金。

哈雷姆特很了解马克，对他的评价也很高。但当他得知做同样的工作，马克被许诺得到的报酬几乎是他的两倍时，他感到非常沮丧。哈雷姆特一直认为所有的独立董事以及股东委派的董事的报酬都是一样的。他感到有点不安，也不知道该怎么做了。

他在脑海里反复地思考着，他意识到董事会主席的许诺可能取决于马克早已是一家相似公司的董事，并会给他带来相关行业的专业知识和竞争对手公司的丰富信息，从而能在业绩增长计划、多元化和潜在的收购方面帮助 DUM 公司。然而，哈雷姆特的情况是，加入公司董事会需要一段时间的培训，一开始，他不可能像马克那样贡献那么多的价值。但是，即使如此，对他来说差异还是非常明显的，而且最近的加薪同许诺给马克的报酬相比也是微不足道的。更令他不愉快的是，尽管哈雷姆特学习意愿明显，但是他也没有被邀请去参加上海的交易会。

哈雷姆特决定开诚布公地同董事会主席谈一谈他的疑虑。他提出了他的质疑，不是作为一种抱怨，而是作为指导他工作进步的要求。他对马克的评价很高，而且清楚地知道，马克的贡献将比他自己的更大。

董事会主席首先感谢了哈雷姆特的开诚布公，然后解释了他接触马克是接受了一位猎头的提议，这位猎头还建议了报酬的金额。在那个时候，DUM 公司董事会正在考虑进行一项收购，而且，一位最有经验的董事因为身体问题提出了退休。这次收购案最终没有实行，因为一家希望在欧洲站稳脚跟的美国公司加快了他们的脚步，支付了董事会主席认为虚高的价格。支付给 DUM 公司董事们的平均薪酬比许诺给马克的要低，但这样做的目的是为了随着时间的推移，逐步增加平均薪酬。咨询公司已经研究了这个问题，而且公司的执行董事们也遵循了他们的结论。

董事会主席为董事薪酬没有在整个董事会进行公开讨论的事实表示歉意。事实是，它依然是一个高度敏感的问题，因为每一位董事加入董事会的时间和加入时的背景情况都不尽相同，因此并非每一位得到的报酬都是一样的。董事会主席说他知道需要解决这个问题，并承诺将在不久的将来召开的董事会上提出这个议题。至于上海交易会，他再次表示了歉意，因为觉得要求哈雷姆特参加一个几天的活动，要求太高了。他感谢哈雷姆特的学习兴趣，并保证以后有这样的机会时他会铭记于心。

显然，如果哈雷姆特不是这样谦虚、恭敬、开诚布公地同董事会主席交谈，而是把这件事情憋在心里，任由他的挫败感滋生，只会使事情变得更糟。说出来，他有可能加快董事会专业化和董事培训的进程，将薪酬同像 DUM 这样的公司标准保持一致。更为重要的是，如果任人唯亲，真的使董事薪酬失去了平衡，那么哈雷姆特及时提醒了董事会主席没有什么东西是可以保密的。

这个案例分析也描述了董事会主席的一部分恰当的回复。他认可了哈雷姆特的价值，据此道歉，并承诺未来的决策应更具有开放性和专业度。

# 6

# 董事会的评估

即使是现在，很多公司的董事会也不会对董事们的表现进行严格的评估。然而评估模型是有的，现在一般是一些提供法律服务和咨询的公司彻底地掌握着这些模型。以下描述的方法来自于对某些评估流程的研究，也来自于其他一些与此相关的可用信息。

第一个问题可能是：谁来进行评估？有些时候，一位独立董事的相关经验使得他能很好地胜任这份工作。有些时候，评估由董事会相关委员会，或者审计委员会或者为此目的特别成立的委员会来执行。还有些时候，评估会委托给在这一领域有实践经验的咨询公司。

评估的方式一般包括对一些通常做法的分析，基于从董事会秘书和主席处，以及后续同董事会成员的面谈中获取的信息。评估结果通常将提交董事会进行讨论，并作为最终的结果。

以下几点需要进行评估：

（1）董事会架构：董事会成员的数量；开会的频率和每次会议的时长。

（2）董事会成员：董事分类（专有的，执行的，独立的）；董事们的培训和经验；国际性董事；董事会中的女性成员。

（3）提供给董事会的信息：定期汇报（年度财务数据，各业务单元的账务明细）；在董事会上讨论的个别问题的具体信息；行业和竞争对手的信息；对特别重大问题的监管信息（法律事件，同工会的谈判，重组流程）。

（4）董事会纪律：董事们的出席记录；承担义务（可能影响或对公司有利的话题准备和贡献的信息）；参与董事会的讨论。

（5）董事会管理：合适的时间和会议日程的管理；恰当起草董事会会议纪要；提供的信息的质量和在董事会会议召开日期前提供信息的及时性。

（6）董事会进程：董事会主席和董事会秘书鼓励和引导开放式讨论氛围的能力；引领有建设性和不断进步的辩论；鼓励那些不太愿意参与讨论的董事积极参与，并处理那些在不知不觉中重复自己观点而打断会议进程的情况。

（7）会议室以外的董事会：在公司生产基地、海外办公室或在国际行业展览会或活动期间召开的董事会。这些活动能强有力地帮助董事增强对公司的了解，并认识到公司在行业中的地位。

（8）参与董事会的高级管理人员：通过邀请公司管理人员参

加董事会，加强董事们对某些话题的讨论，从而使董事们了解公司的管理。

（9）董事会和首席执行官：虽然首席执行官是董事会成员，评估必须转向的问题是，他/她多大程度上听从董事会的安排，并向董事会负责，负责执行董事会的决定。

**“问一下法官，我们能否在被告被判无罪的情况下仍然处决他。”**

（10）衡量董事会创造的价值：与前一点相关，董事会鼓励和采纳，最终由首席执行官执行的行动，应该给董事会一种能够为股东创造真正价值和服务于公司长期利益的印象。

（11）法律问题：评估董事会在多大程度上了解适用于业务的法律法规，并确保“合规性”和“法律风险”的标准都适用于所有重大决策是非常重要的。

（12）董事会报酬：由于董事会有相关董事报酬的指导，基于公司规模甚至是公司类型，对这一方面进行评估也是合适的。如果对董事的要求很高，但支付的报酬不够，很可能会造成人才的流失。

这些也是评估董事会委员会的有效的要点。为了董事会成员能更好地履行职责，作为董事会的分支机构，董事会委员会根据以上提及的几个点按照合适的标准执行是非常重要的。

在一些公司，由于首席执行官也是董事会主席，因此对董事会进行一个整体的评估同对首席执行官做的特殊的评估是有关联的。

下面这几点在评估首席执行官的业绩时通常会被考虑到：

（1）资格。在世界级商学院获得 MBA 证书，与没有任何大学学历开始一个人的职业生涯是不同的，即使这不是他的选择，他不得不如此。无论之前的经验和教育如何，资质和培训可以在任何时候得以更新，职业商人还是需要时间持续地追寻这些。那些在 20 多年前在领先的商学院获得 MBA 的人，几乎没有做什么工作。比如说，在数字领域或在新兴的经济体，如印度、中国、非洲或俄罗斯的全球管理，也没有充分熟悉资本市场的复杂性和丰富的可能性。一个职业商人，之所以这么叫，是如果他的目标是在2020年管理一家公司，那么他需要掌握所有这些领域的知识。

（2）领导力。作为公司的首席执行官必须有能力为公司设立清晰的目标，并激励团队跟随他朝着目标前进。首席执行官的领导力必须能点燃团队的热情并鼓励队员提出建议，并采取主动。在业务快速发展的环境中，必须识别机会，并快速转变成公司的行动。许多不同的人都可以看到机会。当人们被鼓励看到这些机会的时候，当人们感觉到被倾听而且建议被支持付诸实践时，企业的领导力就体现出来了。

（3）专注于战略和运营的平衡。这两个主题都很重要。一个只会思考战略的首席执行官会给公司带来灭亡，而一个整天关注运营细节的人可能是在浪费每个人的时间。至关重要的要在强调这项领域的问题、鼓励组织进步和实施之间找出正确的平衡点。当首席执行官的业绩接受评估时，管理团队就能清楚地看到这个正确的平衡点是存在的还是缺失了。

（4）向董事会和股东们提供的信息。首席执行官必须保证向董事会和股东们提供一个适当的信息流。这些信息必须是相关的、完整的、实时的。在这个没有任何秘密可言的世界里，重要的是确保这些信息在组织较低的水平中流转。如果这些做得很好的话，整个团队都会被激励和充满热情。

（5）反馈。公司管理团队期待首席执行官能对他们的业绩提供反馈。合适的反馈是一个催化剂，能强化管理、刺激培训和促进管理理念和价值的实现。

（6）高管团队的信任感和归属感。如果以上这些条件都能满足，高管会觉得同首席执行官一起工作很舒服。当然，现代商业社会的快节奏，技术进步产生的很多不确定性，都一定程度上制造了压力。但这些压力是由整个团队分担的。

（7）道德规范。道德价值在现代企业社会中变得越来越重要。现实世界中仍然存在一些商业道德严重缺失的大的区域。但重要的是在整个组织中传播坚如磐石的信念，那就是每个所作的决定都必须是符合道德规范的。谈判可能会变得更为持久和艰难，但说到底，道德规范必须贯穿始终。很多公司都做到了这一点，这不是不可能的。更为重要的是，商业道德在面对内部挑战时是一个非常广泛的领域，它包括歧视和偏袒。

**全球印刷服务（Global Printing Services，GPS）**

杰伊·刘易斯是全球印刷服务公司（GPS）的首席执行官，同时还担任董事会主席一职。董事会决定每三年由一家专业的咨询公司对董事会的业绩进行评估。杰伊刚刚收到了这家咨询公司出具的评估报告。咨询公司的顾问们与董事成员和执行委员会中的管理团队的关键人员进行了面谈。此外，评估员将数据同现有的类似公司的信息做了比较。GPS 公司是一家印刷材料和设备的全球经销商。

评估报告强调了以下几点：董事会成员过多（16 人，而类似公司的平均数是 12 人）；所有的董事都是美国籍的，缺乏实际的国际经验；董事们的报酬比业内同行低了 25%。事实上，在过去的2年里，有两位董事离开了，毫无疑问是在别处得到了更好的聘用条件。所有董事都积极接受了评估，除了两位，一位花了太多的时间说了些不相关的事情，而另一位在财务方面没有接受过专业培训，总是用一些和工作没有实际关系话题来阻挠讨论。

报告还包括了针对董事会主席的一系列建议。他应当通过适当的时间管理来使董事会辩论更富有成效，监控所花的时间，提高提供给董事们的信息的及时性（至少是在每次开会的一周前；在一些GPS的董事会上，数据只在会议室里提供）。同时，在轮流的基础上，增加GPS公司高级管理人员参加董事会的次数，以丰富董事们对公司业务的理解。

杰伊不确定接下去该怎么做。在考虑了包括的影响以及同顾问交谈后，他得出了结论，如果不实施建议需要改正的地方，或者改进不到位的话，那么对董事会进行的评估就是毫无意义的。

他同那两位消极对待评估的董事私下进行了交谈。两位董事都提出离职。杰伊接受了他们的辞职请求。他想是不是可以要求其中一位再多留一段时间，但是想到没有什么秘密可言，他决定让他们两个都立即离开，让剩下的那些董事得出自己的结论吧。这是为什么呢？他决定不再招聘董事，并支付了他们额外半年的报酬，这对他们来说是一个惊喜。

之后，他决定将董事报酬提高25%。有两位董事加入董事会已经有10年了，在顾问们建议的新的规则下，这意味着他们的任期结束了。在这两个人中，杰伊很高兴让其中一个人离开，但是另一位董事对公司帮助很大，杰伊想要继续留住他。杰伊同顾问们沟通了一下，他们建议他遵守时间限制规则，但可以同离开的董事签署一份为期一年的顾问合同，来帮助杰伊提高他管理董事会的能力。杰伊对这个主意很满意，并决定付诸实施。

GPS公司的案例表明了董事评估可以帮助提升董事会的业绩。现实情况是，一个董事会的有效性只能在中期和长期内表现出来，但是杰伊想要改变的意愿为董事们发出一个信号，那就是以进步为目标。董事报酬的提升也是一个强有力的刺激。事实上，杰伊自身想要从那个被他之前的同事高度评价，已经离开的董事那里接受建议、监督和培训，也会被看作是积极的、令人鼓舞的一步。

也许杰伊会要求顾问在他们的报告的精简版的基础上做一次讲演。任何形式的评估都是各种各样的考试，那些被评估的人带着一定程度的恐惧感等待着他们的“等级”或者“分数”。这意味着整个流程从开始评估、实施评估到根据结果采取关键决策需要相当短的时间完成。

# 7

# 其他类型的董事会

公司治理的概念可以延伸到公司内部的其他关键行动中，比如由董事会委员会进行的活动。此外，有些公司设立了同董事会分离的顾问委员会，虽然顾问委员会的部分成员也可能是公司董事。顾问委员会可能会监管一个对公司来说特别重要的国家的活动，或者是强调公司在某一特定领域内的问题，比如技术领域。内部规则的制定是为了明确这些委员会的责任程度以及他们的内部职能（会议、收益、报酬等）。

“顾问董事会”或“顾问委员会”将公司治理的概念延伸到了超越商业世界的学术、社会和政治领域。在学术管理中建立一个由著名学者、商人和专家组成的“国际顾问委员会”，对机构的事务进行指导和监督管理是非常常见的。一些政府机构也设立了专门的顾问委员会，以支持在一个特定国家或区域中进行的经济和社会活动。这种做法在家族企业协会、行业协会和一些建筑、医药和法律方面的专业委员会中广为流行。

商业领域董事会的基本原则也同样适用于其他领域的顾问委员会，当然，也必须制定特定的规则来确保他们在自己的职责范围内能有效地发挥作用。不讲商业道德失败对那些非商业行业的董事会造成的危害与对商业公司造成的危害一样大。比如，顾问委员会的成员从一个协会基金中不当受益。

在非营利性机构的领域中，董事会也扮演着越来越重要的角色。莱斯大学教授马克·艾普斯坦（Marc J. Epstein）和哈佛商学院教授[9]沃伦·麦克法兰（Warren McFarlan）专门研究了这一领域。他们的结论是如同在这本书中讨论的那样，公司治理对非营利性机构来说，如果不是更重要的话，至少是一样有用和必需的。

就像在第一部分中说明的一样，现在有一种趋势是成立“破坏性委员会”。这是顾问委员会的一种形式，他们进行的讨论区别于组织特定的战略和环境，而更广泛地关注社会、经济、技术和政治变革方面的主旨。破坏性委员会的目的是帮助公司识别可能最终影响组织的因素，或者提供有助于多元化经营的具有吸引力的机会。

比如说，一家破坏性委员会仔细研究了传统型公司如何以异常高的价格购买初创型公司。公开数据表明，已经有相当一部分传统型公司，如制药、材料、经销等领域的公司，购买的初创企业的价格，远远超过在传统财务标准下确定的价值。可靠的分析

**“我想花一点时间来定义我所说的‘决定性时刻’。”**

揭示，这些转变反映了企业追求潜力的目的，或许应当将投资目标定位在研发高潜力的新兴区域，或者是竞争对手正在增强其能力的领域。

通常，这种飞越是不容易被传统的董事会所理解的，因为他们的期望是保证公司在现有业务领域和市场中的可持续性。

8

# 微小企业的操作方式

董事会的概念通常都与大中型企业联系在一起。很多有着长久历史的公司，以及那些由一个企业家创立，甚至是由原来的企业家的继承者领导的公司，甚至还没有考虑要建立一个董事会。纵观整个世界，你还可以找到那些认为董事会是毫无意义的，甚至对公司成长有害无益的企业家。董事会被看做是昂贵的、完全是可有可无的。这种看法在微小企业中更为普遍。

然而，很多在风险投资公司或天使投资人羽翼下成长起来的初创企业会立即建立董事会。董事会通常由股东或他们指派的人员组成，但也会包括独立董事。良好的公司治理是由那些支付初创公司费用的投资者们规定的一个要求。

在许多不同规模的公司，特别是一些微小企业中，公司治理并没有被看做是特别有用的。然而，公司治理会继续向着企业中心舞台移动，很有可能到2020年，我们会看到由董事会监管的微小企业的数量将迅速增长。

微小企业的趋势是建立一个适当的小型的董事会，由一至两位独立董事、所有人（他们经常参与公司管理）和一至两位公司高层管理人员组成。这些小型的董事会，往往不是在法律规定下正式成立的，但会努力遵循良好的公司治理原则。这种方法可以是一个积极的开始。此外，独立董事的冷静的外部视野也有助于消除小企业主对他们公司未来发展中的盲点。这些小企业主往往对自己的公司没有足够的审视，很多时候，他们认为企业根本没有未来。很多在最近经济衰退中倒闭的微小企业，其实可以在21世纪的前5年中以一个出色的价格出售。

如果在分析了一家微小企业后，顾问认为它的未来没有希望，但是如果出售给一家想要在特定国家和行业立足的大公司的话，是可以盈利的。但是企业主经典的回复是："但是之后我该做什么呢?"作为公司的负责人已经成为一件令人愉悦的日常工作，使得他们保持忙碌和赢得荣誉。

"我以后做什么"的心态其实是一种自我欺骗。如果出售公司的想法出现在董事会的讨论中，那么很可能是不会失败的。

"天使投资人"概念的传播，可能是"我以后做什么"的态度的一剂解药。我们开始看到，那些人在"之后"阶段比他们先前作为一家没有真正未来的微小企业的企业主，要更为成功。

**“如果没有更多的新老业务，那么我们宣布破产吧。”**

**CARES**

CARES 即“网络汽车销售”。创始人是一所领先商业学院 MBA 项目的毕业生。他们创建了一个网站作为二手汽车销售平台。互联网充满了销售二手车的机会：二手车经销商、制造商、经销商和私人卖家。最常见的销售流程是网上拍卖，价高者得。

CARES 引入的新颖性是为被拍卖的汽车提供一张“证书”。这家初创型公司成立了一个汽车专家网络，大部分是从汽车制造商和经销商退休的技术人员和工程师。一位想要出售他的车子的人，需要向 CARES 提供他们的实际地址，之后公司会就近派一位专家前去查看车子的情况，并根据一套事先已经确定的指标为车辆打分（车身的状态，内部的状态，发动机运转情况，轮胎等）。整体的评价采取的形式分为“上等的”“平均的”和“次等的”。认证的细节被作为整体评价的支持性文件。“认证者”根据车辆的销售价格提取佣金。公司的计划是召开一年一度的“认证者”大会，寻找改进流程的方法，并邀请那些有声誉的嘉宾，来帮助增加持有“CARES 认证者”身份的价值。

创业开始有起步了。在完成了 MBA 课程的三年后，两位企业家创立了他们的公司，他们充满热情、没日没夜地设计这个项目并将所有的积蓄投入其中。项目看上去进展很顺利，而且创始人也相信它有无穷的潜力。但是，这种理念很容易被模仿，而且有很高的风险是，相关行业的成熟公司，比如一家经销商或一家零备件分销商都会进行模仿。这迫使他们寻求快速增长，以期能获得潜力市场的最大份额。

为了实现快速增长，他们需要不断提高网站的功能性，确保“认证者”的选择并为他们提供适当的培训，不断在那些想要出售他们的车辆的人群中提高服务意识，并获得整个流程的持续性反馈（买方、卖方和认证者的满意度，市场可用性的替代服务，以及额外的服务，如维护和融资）。这一切都需要融资，他们不得不在市场上进行寻找。

CARES 的两位创始人是联合首席执行官，其中一位主要负责公司网站，另一位则主要关注认证者（筛选，培训和后期跟进）。他们有三位员工：两位支持网站首席执行官，第三位作为认证首席执行官的助理。在 2014 年一年中，他们同风险投资公司开了多次会议，他们估计大约需要 200 万欧元来保证持续加速增长，并且这种增长，他们认为应该是在国际范围内的。

2014 年底，通过天使投资人的网络，他们找到了三位愿意投入资金的投资人（前期为 100 万欧元，之后根据他们预测的现金需求，6 个月后再投入 100 万欧元）。但是三位天使投资人希望能通过董事会来更密切地关注整个项目。在讨论了相关细节后，他们最终同意成立董事会，由两位创始人他们轮流主持董事会，三位投资人和一位对这家初创型公司有兴趣的，汽车行业的有信誉的专家组成。至少在前两年，两位创始人和投资人都不会得到董事报酬。一位独立董事则会被支付适当的费用，两年之后再增加。2015 年，公司有了很好的发展，两位创始人和其他董事都对事情的进展表示高兴。

在过去的 15 年里，创业型公司在全球范围内以极快的速度获得了收益。一个新的企业往往是创新和工作的源泉，很大程度上依赖于私人企业创造的财富来保障社会的持续性。在大学、政府、商会、银行和其他机构支持下，遵循专业设计模型的项目促进了新企业的创建。企业家自然的热情需要由有经验的、独立的专业人士的缜密的外部视角来加以磨炼。

现在有越来越多的人拥有大量的储蓄资金，愿意将他们的钱投入那些他们能贡献想法和经验，并可以获取可观回报的项目中去。这一新的投资者类别的成员被称为“天使投资人”，虽然有些企业家可能会称他们为“恶魔投资人”，因为他们无比强烈地捍卫自己的投资。

一家初创型公司的董事会通常由企业家自身，天使投资人，一家私募投资公司或风险投资基金的指定人员（如果这一资金来源已经确定）和一位独立董事组成。这位独立董事可能会同意不收取董事报酬而工作，或者只收取适当的费用，承诺未来以奖金的形式，或者销售收入或股票价值的一定比例再行支付。

CARES 创始人的利益属于一个生态系统，在这里创业机会被高度重视，这是 2015 年的一个具有吸引力的生态系统。三位投资人通过他们隶属于的那个天使投资人的网络以及形成整个创业公司背景的商学院，提出了好几个独立董事的名字。他们的想法是找到一个非常了解汽车行业并且已经安定富足的人（已经成功出售了一家公司或者以优惠的条件退休的人），他们的愿望不是要创立任何一家公司，而是想要担任董事，时不时地为公司提出建议。他们的目标是招募一个能赢得三位天使投资人的认可和尊重的人，因为 CARES 的创始人想要对其加以审查。

最终，他们找到了一位将自己的整个职业生涯都奉献给汽车行业的人。他起初在一家零配件生产商工作，后来加入了汽车制造企业，他曾三次担任过全球领域的高级管理人员。他 65 岁退休，2015 年时 71 岁，担任了三家知名企业的董事。2010 年时，他投资了一家初创型公司，并在最近出售了他的股份，收益颇丰。他很乐意加入 CARES 公司担任董事，并为公司投入相当的时间。他的董事报酬是 2 万欧元。经过协商，最终达成的一致意见是，如果 CARES 公司未来能够成功，他将有权获得各种变动薪酬。两位创始人将他视为理想的候选人，三位投资人也对此任命表示满意。

CARES 的例子展示了良好的公司治理如何运用在一家初创型公司，或者说还没有被证明它其实是一家真正的公司之时。在这里，董事会成员的人数同员工人数一样多。当然，所有的董事从他们各自不同的角度对公司做出重大的贡献（管理、所有者、独立的视角）。他们中的每一位都将从这个项目的成功中获取许多。当情绪、压力、快速变化和失败的风险（专业的和财务的）都很高时，有一位有能力的公司董事能从不同的、冷静的、现实的和长远的角度来观察公司业务是很重要的。

# 9

# 家族企业的特点

家族企业许多典型的目标也可以通过公司董事会的方式达成，目前我们在这本书中看到的一切关于公司治理和公司董事会的内容也同样适用于家族企业。然而，我们需要强调一些特殊的特点。艾米·舒曼（Amy Schuman）、斯泰西·斯图茨（Stacy Stutz）和约翰·沃德（John L. Ward）专注于研究家族企业的鲜明特点。[10]米格尔·安琪·加洛（Miguel Angel Gallo）对家族企业的董事会进行了深入的探索。[11]

这部分企业的特点之一，是拥有公司的家族旨在对公司实行非常严格的管控。当然，他们也有权利任命和辞退公司董事。有些时候，这个家族会创立一个“家族委员会”来关注一些家族的具体问题（家庭成员的教育、财富管理和更广泛的社交领域的家族代表）。家族委员会通常负责公司董事会成员的任命工作。如果这个家族同时拥有几家公司，那么家族委员会负责所有公司董事的任命。

有些家族对于在家族委员会中任命独立董事的想法能够适应，因为他们认为这有助于消除任何在家族成员间出现的紧张关系。

家族企业的一个主要的特征是他们有着长远的观点。家族成员往往希望能够将事业传承给下一代，这显然需要有效的管理和适当设计以及及时更新的企业战略。这种长远的视角与那些只求短期效益的上市公司有明显的不同，那些公司的董事们可能只关心第二天股票交易的价格。当然，上市公司也会关注长期发展，但是家族企业在这一方面是非常独特的。

**“首先，这场会议从来没有召开过。”**

家族企业的另一个特点是显示了对多样化的高接受度和容忍度，这是此类公司董事会所积极鼓励的。然而，上市公司关注的点则更为集中，这是资本市场的首选方式。分析师评估一家上市公司首选的技术是将它与别的、同它尽可能相似的公司作比较。比较福特和通用汽车显然比比较通用电气和飞利浦要简单得多：第一组的公司专注于汽车领域，第二组则包括了更广泛的业务分支。此外，多元化能成为保护长期利益的一种方式：有些业务可能会变得不再有吸引力，有些则需要有序地减少，而其他则需要加强。这就好像是飞利浦的情况，比如说，从家电行业有序撤退，加强医疗行业的业务。

家族价值观可以转换为企业价值观。一些家族企业要求承担公司管理职责的家族成员高度合格（国际院校的毕业生和研究生）。如果拥有国际业务，那么家族成员会被要求在其子公司或海外分支机构负责一段时间的业务。家族企业的薪酬（甚至在董事会层面）远比上市公司和非家族企业适度得多。他们普遍认为公司创造的价值是家族的未来，需要小心呵护：如果没有必要，一分钱都不该花。帕洛玛·费尔南德兹（Paloma Fernandez）[12]和约翰·沃德（John L. Ward）[13]探讨了家族企业的这些特征。

保护持续增长的价值需求也意味着家族委员会很有可能遵循一个高度保守的红利政策。红利的问题很容易引发一个以家族各公司产生的价值为目的的家庭辩论。部分价值可以用红利的形式支付，部分价值可能会留在公司（使其具有稳健的资产负债表，适应企业增长和收购的需求，或者在最坏的情况下重组），部分则可能从公司提取后归入一个家族基金，一般由一个称作为“家族办公室”的机构管理。然后，家族基金会投资于股票、房地产、风险资本或其他资产。可参阅玛丽亚·费尔南德兹-莫亚

（Maria Fernandez - Moya）和拉菲尔·卡斯特罗 - 巴拉格尔（Rafael Castro - Balaguer）的相关作品。[14]

家族企业另一共同的特点是，家族成员对获取家族公司和他们的业绩表现的信息很感兴趣。当然，市场一般都非常关注上市公司成功与否，但事实是，一个家族企业的财富是捆绑在其拥有的企业上的，在“家族办公室”里意味着，在经济环境发生任何变化的情况下，家族成员会有诸多关于变化对公司业务影响的问题。这会导致产生一个特定的汇报功能，或者设立在“家族办公室”中，或者由首席执行官以非正式的形式执行（或者是首席执行官，或者是董事会主席，如果这两个职位是由不同的人担任的）。

有一次，我邀请了一家大型跨国公司的主席在一个重要的会议上发言。他被聘来解决公司在经营中遇到的困难。在一年的时间里，他做出了深远的变革，并将公司重新带回良好的状态。之后不久，我读了相关的新闻，这位主席由于一些未披露的原因被解雇了。我抵挡不住给他打电话的诱惑，问他到底发生了什么事情。他自责道：“我没有给予足够的重视，事实上，即使这是一家上市公司，但它主要还是一个家族企业。我在为市场分析师提供信息方面做得很好，但是我在回答家族成员关心的问题上做得不够，事实上，这些问题我觉得并不特别紧急或重要。现在我知道了当领导一个家族企业时需要做些什么。你需要在这个家族上花大量的时间。”他的这些话，对我来说，是对我们上述讨论的内容的一个明确肯定。

我们可以说，通过总结，尽管公司治理基本原理是相同的，但家族企业的公司治理需要对公司所有人所关心的问题有特别的、针对细节的关注。这些公司的所有人致力于——几乎受困于一企业的长期发展。我们也特别强调说，拥有企业的家族是有权利建立和解散公司董事会的，可以强调一定的优先事项和价值观，塑造公司成长周期中的一些关键方面。这可以正式成为一种“家庭协议”，为公司董事会的作用和长期的公司治理提供一个整体的框架。约瑟夫·塔比埃（Josep Tapies），IESE 商学院家族企业研究领域的首席教授，深入探讨了这些鲜明的特征。[15]

# 10

# 世界各地的差异

我们生活在国际化的环境中。数字化帮助我们打破了界线。企业管理方面的专家遍布全球。公司正在全球领域内扩张。企业治理，如同企业管理的其他方面，应当以同样的方式适用于所有的公司。

我们非常清楚的是，商业环境可能会有很大的不同，而这些差异会影响公司治理的有效性。比如说，对比美国和欧洲，我们会发现，美国是一个巨大的单一市场，建立了明确而严格的法律体系。这一法律体系加快了业务发展的步伐，并为董事会决议提供清晰的法律筛查。

同时，欧洲是一个由许多不同的国家组成的“马赛克”，司法管辖权、严格的标准和不断变化的政治都会影响到适用于企业的法律条款。这一情形会降低分析以及业务决策实施的灵活性。

再让我们来看一看新兴经济体，拉丁美洲、中国、印度、东南亚或者非洲，我们发现了更为复杂的“马赛克”，更为严重的是法律法规的缺乏，以及道德准则的缺失。

但是一家公司的全球部署要求它能够在这些不同的环境中有效地发挥作用。董事会的责任就是要确保这些部署快速、准确，并同时符合法律、道德和社会责任。让我们再一次记住，在数字时代，没有任何秘密可言。企业必须以最大的诚信度和透明度实现快速行动。国际领先的本质正成为商业世界的优先事项，也正吸引着越来越多的深入研究。（参见乔迪·卡纳尔（Jordi Canals），IESE 商业学院的执行董事。[16][17]）

今天如果我们进入一家中国、俄罗斯、巴西或者南非的行业领先企业的董事会，可能会发现公司的账务是由四大事务所之一进行审计；公司的首席执行官是哈佛商学院的 MBA；并且有一家具有相当高声誉的律所作为外部法律顾问。但是如果把目光投向公司的历史，我们将看到那些难以理解的事情。新兴经济体中的很多公司刚开始都是在房地产领域创造价值的，这也同样发生在欧洲和美国，但却是很多年前了。这些国家的经济增长为所有领域的发展铺平了道路。作为跨国公司，有机会同当地的合伙人一起合作，复制商业模式或者作为持证加盟商做生意，所有这些都有助于更强大和更全面的经济崛起。

即使是在今天，一家公司（包括大型的公司）在道德的疑云下运营也不是不常见的。在 2015 年，我们目睹了一些发展中国

**“我们进行了错误的计算，但是这同我们的全面战略是一致的。”**

家的政府官员因腐败入狱。我们知道有些公司简单地放弃了在某些地区经营的打算，而且时不时的，一家公司以看似无法解释的理由退出了一个新兴的市场，即使它有着不错的潜力。这些没有被揭示的理由通常都与公司治理有关：董事会选择牺牲掉一些陷入不道德做法陷阱的业务，因为他们知道根本没有保密这回事。

在 2015 年，你可以到一个撒哈拉沙漠以南的非洲的某个国家旅行，看到很多由美国和欧洲大公司占据的大型写字楼，比如雀巢、联合利华、可口可乐或一家像海尔这样的中国公司。你可能会走过一家梅赛德斯—奔驰的经销商店，或者在报纸上读到中国国家开发银行将融资进行横跨非洲的铁路建设。或者你去到中国，发现它是可口可乐公司的世界第三大市场，公司打算从 2015 年至 2018 年再在中国投资 50 亿美元。你会看到很多相同的欧洲公司的办公室，发现花旗银行开设了一家大型的分支机构，乂经过了另一家梅赛德斯—奔驰的经销商店。在这些全球布局的背后，是持续高质量的标准和在法律框架内行动。我们发现了一些积极的管理机构，它们能够促进整个流程，获取咨询公司和法律事务所的帮助，引入激励机制和招募新员工，并且招聘那些有能力和有当地经验的董事加入当地的董事会。

**“哈弗迈耶（Havermeyer），我们需要做，因为我们的母公司说我们必须这么做。”**

展望 2020 年，国际化部署只会在公司董事会中增加以及获得更大的重要性。数字化也可能会对其产生重要影响。电子商务在非洲和中国的发展远比在一些发达国家要迅速得多。在欧洲和美国，很多银行仍然会寻找关闭分行或支行的方法，但是在非洲，看到的分支机构却比欧洲和美国少得多。由于缺乏银行的分支机构，很多人都是通过电话与银行进行互动的。这显然是向着网上银行和移动银行前进的一步，一个没有退路的领域。

公司董事会应该对创新和技术进步保持相当的敏锐度，鼓励公司在各个层面进行开拓和价值创造，摒弃企业文化中的官僚习气，激发企业的创业精神。

# 参考文献

[1] 艾尔弗雷德·斯隆（Alfred P. Sloan Jr）. 我在通用汽车的岁月（*My Years with General Motors*）. 纽约：麦克法登·巴特尔公司（Macfadden – Bartell Corporation），1963.

[2] 拉菲·豪威尔（Ralph M. Hower）. 纽约梅西的历史（*History of Macy's of New York*）. 曼彻斯特：剑桥：哈佛大学出版社，1943.

[3] 杰伊·洛希（Jay W. Lorsch）. 董事会的未来（*The Future of Boards*）. 波士顿：哈佛商业评论出版社，2012.

[4] 查尔斯·柯顿（Charles P. Cotton）. 铁路工程手册（*Manual of Railway Engineering*）. 伦敦：E&FN Spon，1874.

[5] 克莱顿·克里斯坦森（Clayton M. Christensen）. 创新者的窘境（*The Innovator's Dilemma*）. 波士顿：哈佛商业评论出版社，2000.

［6］拉姆·查兰（Ram Charan）．董事会的执行（*Boards that Deliver*）．旧金山：乔西－巴斯出版社，2005.

［7］迈克尔·加罗（Michael Garo）．一步步走向超级富有（*Step by Step to Super Rich*）．美国：迈克尔·加罗，2008.

［8］杰弗里·桑尼菲尔德（Jeffrey A. Sonnenfeld）．什么使伟大的董事会变得伟大（*What Makes Great Boards Great*）．波士顿：哈佛商学院出版社，2002.

［9］马克·艾普斯坦（Marc J. Epstein），沃伦·麦克法兰（F. Warren McFarlan）．加入一个非营利董事会（*Joining a Non-profit Board*）．旧金山：乔西－巴斯出版社，2011.

［10］艾米·舒曼（Amy Schuman），斯泰西·斯图茨（Stacy Stutz），约翰·沃德（John L. Ward）．家族企业治理：矛盾中繁荣（*Las Paradojas de la Empresa Familiar*）．巴塞罗那：德乌斯托，2013.

［11］米格尔·安琪·加洛（Miguel Angel Gallo）．家族企业的董事会（*La Empresa Familiar*：*Consejos de Administracion*）．巴塞罗那：IESE 商学院版权研究，2001.

［12］帕洛玛·费尔南德兹（Paloma Fernandez）．家族企业的专业化（*La Profesionalizacion de las Empresas Familiares*）．马德里：LID 出版集团，2013.

[13] 约翰·沃德（John L. Ward）. 家族价值观和愿景如何驱动经营战略和持续性（*How Family Values and Vision Drive Business Strategy and Continuity*）// 约瑟夫·塔比埃（Josep Tapies）. 家族企业：一个多学科的方法. 西班牙：大学联盟，2011.

[14] 玛丽亚·费尔南德兹－莫亚（Maria Fernandez－Moya），拉菲尔·卡斯特罗－巴拉格尔（Rafael Castro－Balaguer）. 寻找完美的结构：从长期看家庭办公室的演变（*Looking for the Perfect Structure: The Evolution of Family Office From a Long－Term Perspective*）// 约瑟夫·塔比埃（Josep Tapies）. 家族企业：一个多学科的方法. 西班牙：大学联盟，2011.

[15] 约瑟夫·塔比埃（Josep Tapies）. 家族企业（*Familia Empresaria*）. 马德里：LID 出版集团，2011.

[16] 乔迪·卡纳尔（Jordi Canals）. 领导力发展的未来（*The Future of Leadership Development*）. 伦敦：帕尔格雷夫麦克米伦出版社，2011.

[17] 乔迪·卡纳尔（Jordi Canals）. 全球世界的领导力发展（*Leadership Development in a Global World*）. 伦敦：帕尔格雷夫麦克米伦出版社，2012.

# 后　记

我们试图解释在技术创新、全球化和业务快速增长的背景下，个人董事在公司董事会中所起到的作用，及令董事会发生的快速和深远的变化。

我们认识到了一些差距和薄弱点，比如在许多微小企业中缺乏好的公司治理、董事会改革和不断提升董事会工作的需求。

我们考虑了女性在公司董事会中的作用，不是因为女性的想法不同，而是因为高素质女性的数量正在激增，她们已准备好加入公司董事会了。

我们也讨论了使公司董事会专业化的必要性，这包括持续性的培训，招聘有国际经验的董事和提供关于公司和行业的更准确和更有价值的信息。公司治理的主题，毫无疑问正在商业世界崛起，并要求企业家们的关注，无论他们是股东、大型投资者、家族还是天使投资人。最强有力的问题在于需要鼓励和支持道德行为、价值和社会责任，并确保严格遵守相关的法律法规。

我们也解释了，在一个个人能力越来越出众的社会的大背景下，一个成功人士的职业生涯后期，可能会拥有成为一家公司董事或成为天使投资人进行投资的经历。成为天使投资人及董事会层面的成功人士，在某种程度上也通过投资和贡献专业技能的方式回馈了社会。